I0707162

Hermann Lueer

GRONDBEGINSELEN DER COMMUNISTISCHE PRODUCTIE EN DISTRIBUTIE

HERMANN LUEER,
GRONDBEGINSELEN DER COMMUNISTISCHE
PRODUCTIE EN DISTRIBUTIE
© 2020 Hermann Lueer
Red & Black Books
Bordesholmerstraße 22
22143 Hamburg, Germany
herluee@yahoo.com
Envelop: Niki Bong
mail@bongolai.de
ISBN 9798612281030

"Het verloop van de sociale revolutie is in wezen niets anders dan het verloop van de arbeidstijd als norm in het hele economische leven. Het dient als een maatregel in de productie en meet tegelijkertijd het recht van de producenten op een sociaal product. Maar het belangrijkste is dat deze categorie wordt uitgevoerd door de producenten en de consumenten zelf."[1]

---

[1] Gruppe Internationaler Kommunisten, Grundprinzipien kommunistischer Produktion und Verteilung, Red & Black Books 2020, S. 65

Inhoud

Voorwoord

"Wat zijn de praktische economische grondslagen voor een maatschappij zonder loonstelsel? Wat te doen op de dag na de revolutie? (...) Zonder deze praktische realiteiten blijft alle propaganda negatief en blijven alle idealen utopieën. (...) Wie het kapitalisme en het staatskapitalisme niet wil, moet tegenover deze realiteiten in het maatschappelijk leven, andere realiteiten stellen, een àndere economische organisatie". (²)

Marx en Engels hebben de kritiek op het kapitalisme wetenschappelijk onderbouwd door de wetmatigheden van de kapitalistische productie naar voren te brengen. In plaats van tegenover de ellende van de bevolking, die gepaard gaat met de kapitalistische verhoudingen, alleen maar de utopie van een betere wereld te stellen, wilden ze uitleggen welke doelen de kapitalistische productieomstandigheden bepalen en welke de concepten en wetmatigheden zijn van de economische vormen

---

2   De Nederlandse vertaling is ontleend aan GIC, Grondbeginselen der communistische productie en distributie, De Vlam 1972, p. 31. De laatste zin ontbreekt aldaar en is ontleend aan Arthur Lehning, Anarcho-syndicalisme, Anarchisme.nl.

van de waar, het geld en het kapitaal. Met hun verklaring van de kapitalistische verhoudingen onthulden zij de oorzaken van de ellende die het kapitalisme met zich meebrengt en leverden zij tegelijkertijd kritiek in de zin van een alternatief. Ook al hebben Marx en Engels geen uitgewerkt concept voor de opbouw van een communistische maatschappij achtergelaten, wijzen de afleidingen uit hun kritiek en de weinige opmerkingen die zij zelf hierover op basis van hun analyse van het kapitalisme hebben gemaakt, op een fundamenteel veranderde productieverhouding. Na de sociale revolutie komt de beslissing over wat er wordt geproduceerd, hoe het wordt geproduceerd, en voor wie het wordt geproduceerd, niet tot stand via persoonlijke afhankelijkheidsrelaties, noch door de zakelijke dwang van een warenmaatschappij die zich ontwikkelt achter de rug van de onderling concurrerende leden van de maatschappij. De verdeling van de arbeid over de verschillende takken van productie en activiteiten en de verdeling van de geproduceerde consumptiegoederen valt in plaats daarvan toe aan de leden van de maatschappij zelf: de "vereniging van vrije mensen (...) die met gemeenschappelijke productiemiddelen werken en die hun veelsoortige individuele arbeidskrachten zelfbewust als een enkele maatschappelijke arbeidskracht besteden". (³)

Maar om hun individuele arbeid te kunnen leiden en administreren in een maatschappelijke arbeidsverdeling zonder markten en zonder een hogere autoriteit dan die van hen zelf, is een economische grondslag nodig. Deze economische basis is de berekening van de tijd die nodig is om de verschillende producten en diensten ter beschikking te stellen van de leden van de maatschappij. De maatschappelijk gemiddelde arbeidstijd, die in de concurrentiestrijd van de warenproductie achter de rug van de mensen als zakelijke dwang overheerst, wordt nu de bewust toegepaste maatstaf in het kader van de gemeenschappelijke planning van de maatschappelijke arbeidsdeling. De individuele arbeid van de leden van de maatschappij is hier niet langer privé-werk, dat zich in de eerste plaats op de waren- en arbeidsmarkten zijn waarde moet bewijzen, in die zin dat dit privé-werk daadwerkelijk wordt erkend als een onderdeel van de totale maatschappelijke arbeid, maar ze maakt nu al recht-

---

3   Karl Marx, Het Kapitaal, Deel. I, hfdst. 1, §4 Het fetisj-karakter van de waar en zijn geheim.

streeks deel uit van de totale maatschappelijke arbeid, aangezien ze al als individuele arbeid in gemeenschappelijke planning wordt verricht. In de associatie van vrije mensen, waarbij de individuele arbeidskrachten met gesocialiseerde productiemiddelen alleen maar optreden als organen van de gemeenschappelijke arbeidskracht, zijn de uitgaven van de individuele arbeidskrachten, gemeten naar de duur ervan, tegelijkertijd het sociale doel van hun werkzaamheden. Het individuele arbeidsproduct is dus niet langer een privé-eigendom, maar het product van de maatschappij, dat niet als een waar tussen verschillende eigenaren wordt verkocht, maar het is beschikbaar binnen de gemeenschap van producenten. De basiscategorie voor de economische boekhouding en tegelijkertijd de maatstaf voor de distributie in de communistische maatschappij is daarmee gedefinieerd: "De arbeidstijd vervult dan een dubbele taak. Aan de ene kant regelt de maatschappelijke planmatige verdeling van de arbeidstijd de juiste verhouding tussen de verschillende soorten arbeid en de verschillende behoeften. Aan de andere kant doet de arbeidstijd tegelijkertijd dienst als maat voor het individuele aandeel van de producenten in de gemeenschappelijke arbeid en daarom ook voor het individuele aandeel in het te verteren deel van het gemeenschappelijke product. De maatschappelijke betrekkingen van de mensen tot hun arbeid en tot de producten van hun arbeid blijven hier zowel in de productie als in de verdeling duidelijk en eenvoudig." [4]

Hoe geliefd in deze context het door Marx en Engels geschetste beeld van de associatie van vrije mensen ook was bij de bolsjewieken en hun opvolgers, zo weinig werd de economische inhoud ervan serieus genomen. Het waren niet de producenten die de organisatie van de productie op basis van de arbeidstijdrekening zouden overnemen, maar de politieke leiders, en de massa's hoefden alleen maar in te stemmen met wat zij in hun wijsheid besloten. Het is volstrekt duidelijk dat deze overtuiging — het enige wat nodig is om de productie en distributie volgens communistische uitgangspunten te organiseren volgens de behoeften van de bevolking — een nogal merkwaardig idee is van de "associatie van vrije mensen". De opbouw van een communistische maatschappij is geen kwestie van de

---

4   Karl Marx, Het Kapitaal, Deel. I, hfdst. 1, §4 Het fetisjkarakter van de waar en zijn geheim.

juiste leiding, maar van de economische grondslagen die de leden van de maatschappij in staat stelt
om hun productie en distributie zelfstandig te leiden en te beheren. Het is een kwestie van hoe de
arbeidsverhoudingen tussen producenten en hun
producten worden geregeld. Er moet een economische basis worden gelegd waarop de producenten, die namelijk tegelijkertijd consument zijn, zelf
de productie kunnen opbouwen om aan hun behoeften te voldoen. Deze opbouw is een proces
van onderop en niet van bovenaf. Dit proces moet
voortkomen uit de actieve deelname van de leden
van de maatschappij en het moet onder hun directe
invloed en controle staan. Het moet het werk zijn
van vrije mensen en niet van een kleine, leidende
minderheid in naam van de maatschappij. (15)

Door de opvolgers van Marx en Engels is aan de
bezigheid met de grondbeginselen van een communistische economische en maatschappelijke
orde, een strikt verbod opgelegd dat iedereen
moest respecteren, die zich niet wilden blootstellen
aan het vermoeden van onwetenschappelijkheid.
Het was toegestaan het communisme te prijzen,
maar er mocht niet over worden nagedacht. Dit
vraagstuk is dus een kruidje-roer-me-niet geworden, en is het gedeeltelijk nog steeds, ook al heeft

de Russische Revolutie aangetoond dat het moet worden opgelost. (26) Het is daarom tijd dat degenen die het kapitalisme willen overwinnen, helder worden over de grondbeginselen van een communistische maatschappelijke orde waarmee ze het kapitalisme willen vervangen. (133)

Dit boek is een eerbetoon aan het collectieve werk van de Groep van Internationale Communisten (Holland). Gezien de eerste ervaringen met het staatscommunisme in Rusland, waren hun in 1930 gepubliceerde "Grondbeginselen der communistische productie en distributie" een poging om de economische basis van een communistische maatschappij, die al door Karl Marx en Friedrich Engels werd geschetst, wetenschappelijk uit te werken. Ook al hebben hun uiteenzettingen niets van hun oorspronkelijke actualiteit verloren, is hun tekst een kind van zijn tijd gebleven in de wetenschappelijke confrontatie met de literatuur van die tijd. In dit document wordt daarom geprobeerd de kernuitspraken van de "Grondbeginselen der communistische productie en distributie" te situeren binnen het huidige debat over de kwestie van het alternatief voor het kapitalisme. Als bronvermelding van de uitgebreide citaten uit en samenvattin-

gen naar de oorspronkelijke tekst, worden verwij-
zingen tussen haakjes gebruikt.

Drie valse redenen
voor het kapitalisme

De ellendige neveneffecten van het kapitalisme zijn bij iedereen bekend. Gezien de zogenaamd goede redenen voor het kapitalisme, worden ze door de meerderheid van de bevolking aanvaard. Samengevat gaat het om het volgende drie:

- "De onzichtbare hand van de markteconomie", waardoor de vele individuele plannen van aanbieders en consumenten op een voordelige manier op elkaar worden afgestemd;

- de verworvenheden van de technologische vooruitgang, die ertoe hebben geleid dat, ondanks alle donkere kanten van het kapitalisme, bijna iedereen vandaag de dag beter af is dan tweehonderd jaar geleden;

- het gebrek aan alternatieven voor het kapitalistische economische systeem, dat, gezien het falen van het reëel bestaande socialisme, geen verdere argumentatie meer nodig heeft.

De onzichtbare hand
van de markteconomie

In het kapitalisme tellen alleen de koopkrachtige behoeften mee en is de mogelijkheid om te betalen een gevolg van uitbuiting. Wat het kapitalisme niet kent, de behoeften van de arbeiders, wordt voor het communisme de sturende factor van de productie. (78)

Voor de voorstanders van het kapitalisme is de markteconomie de garantie voor economisch succes en sociale stabiliteit. Deze bewering wordt als volgt gerechtvaardigd: "Wanneer bedrijven en huishoudens hun plannen opstellen, laten zij zich daarbij leiden door hun eigenbelang. Dit betekent dat bedrijven winst willen maken en consumenten willen voldoen aan hun behoeften. Zij proberen deze voornemens op de markten te verwezenlijken. Dit vereist dat aanbieders (bijvoorbeeld van consumptiegoederen of arbeid) zakendoen met afnemers. De concurrentie tussen de leveranciers om de afnemers leidt bij iedereen tot een aanbod dat aansluit bij de wensen van de afnemers. Het belang van de afnemer wordt zelfs nog beter behartigd naarmate de leveranciers consequenter hun eigen belangen nastreven, d.w.z. hoe heviger de concurrentie bij zakelijke transacties is. Als met een 'onzichtbare hand' heeft concurrentie tot gevolg dat het eigenbelang uiteindelijk het algemene welzijn dient in de zin van een betere voorziening in de behoeften van consumenten. Omdat de vele individuele plannen met concurrentie voordelig op elkaar worden afgestemd, wordt dit ook wel aangeduid als zelfsturing van de markteconomie." (5)

Zelfs onder de voorstanders ervan is de beweerde zelfregulering van de markteconomie niet onomstreden. Bij nader inzien blijken de meningsverschillen tussen de voorstanders van de vrije marktwerking en hun critici, die meer overheidsregulering eisen, bij nadere beschouwing een onzinnige discussie, omdat ze beiden voorbijgaan aan een doorslaggevend feit, namelijk dat er in de markteconomie alleen maar rekening hoeft te worden gehouden met de vraagzijde als het nodige geld beschikbaar is. Dit toont aan dat de markten – of het nu gaat om meer of minder regelgeving – zich niet

---

5   Konrad-Adenauer-Stiftung, Soziale Marktwirtschaft. Garant für wirtschaftlichen Erfolg und soziale Stabilität, Lexikon Soziale Marktwirtschaft - Wirtschaftspolitik von A-Z, 12. Juni 2013,
    http://www.kas.de/wf/de/71.10163/.

bezighouden met de veronderstelde coördinatie van productie en consumptie in de zin van een gemeenschappelijke bevrediging van de behoeften. De vraag is niet identiek aan de behoeften van de leden van de maatschappij, maar is in eerste instantie niets anders dan een vraag die koopkrachtig is. Wanneer iemand, om welke reden dan ook, niet kan betalen, dan tellen zijn behoeften niet mee in een waren producerende maatschappij. Het aanbod is dan ook niet gericht op de kwantiteit en kwaliteit van de goederen en diensten die nodig zijn om aan de behoeften van de leden van de maatschappij te voldoen. Welke nuttige dingen worden geproduceerd, voor wie, waar en hoe ze worden geproduceerd, wordt bepaald door het criterium van verkoopbaarheid op de markt, en dit al in de eerste fase van onderzoek en ontwikkeling. Ondanks alle ten toon gespreide rijkdom meet de markteconomie dus wat er wordt geproduceerd, hoeveel en hoe, niet af aan de behoeften van de leden van de maatschappij, maar het beschikken over geld is de maatstaf voor de mate waarin aan de behoeften wordt voldaan, en de mogelijkheid om winstgevend zaken te doen is de maatstaf van wat er wordt geproduceerd, voor wie en of überhaupt wordt geproduceerd. In het samenspel van vraag en aanbod accepteren de afnemers dus hun uitsluiting van dingen die ze niet kunnen betalen en stemmen ze hun behoeften af op hun portemonnee, terwijl de leveranciers aan de verschillende soorten koopkracht met het oog op voor hen waardevolle transacties tegemoetkomen met allerlei soorten waren; goedkoop en duur, gezond en ongezond.

Concurrentie op de vrije markten is dus alleen maar het middel voor de minderheid van degenen die, om welke reden dan ook, voldoende koopkrachtig zijn. In plaats daarvan voelt de meerderheid van bezitlozen de effecten van vraag en aanbod op een heel andere manier. Omdat zij door het privé-eigendom van productiemiddelen gedwongen worden hun eigen arbeidskracht [6] op de arbeidsmarkt aan te bieden, worden zij door de onderlinge concurrentie van werkzoekenden ertoe aangezet om arbeidsprestatie aan te bieden die grotendeels aan de wensen van de vraagzijde voldoet. En omdat de succesvolle globalisering van het kapitalisme en de snel voortschrijdende techniek van

---

6   Van de vertaler: In deze tekst heeft 'arbeidskracht' de marxistische betekenis van het vermogen om te werken. Marx benadrukte dat onder de verhoudingen van loonarbeid de arbeider niet zichzelf verkoopt, maar zijn capaciteit tot arbeid.

automatisering ervoor zorgen dat het aanbod van arbeidskracht overvloedig beschikbaar is in verhouding tot de vraag, wordt het belang van de vraagzijde op de arbeidsmarkten nog beter bereikt. Hoe meer leveranciers met elkaar concurreren in de verkoop van hun arbeidskracht, des te meer komen hun lonen onder druk te staan. De "welvaart voor allen" die de voorstanders van het kapitalisme loven, ziet er zo uit: Terwijl aan de ene kant de mogelijkheden tot maatschappelijke arbeid worden gericht op de meest excentrieke individuele behoefte wanneer individuen om welke reden dan ook in staat zijn ervoor te betalen, wordt aan de andere kant de maatschappelijke arbeid geïnvesteerd in minderwaardige verbruiksgoederen om te profiteren van de lage koopkracht van de meerderheid van de bevolking.

Tegelijkertijd dwingt de concurrentie tussen leveranciers om de vraag de leden van de maatschappij tot een indrukwekkende efficiency, en voor velen schijnt de markteconomie in het licht te staan van het enige redelijke economische stelsel, dat, ondanks de bekende nadelen, alle andere economische stelsels als oneconomisch doet lijken. Net als de lof voor het vrije spel van vraag en aanbod, is de lof voor de efficiëntie gebaseerd op een door-slaggevend misverstand.

Het begrip "markteconomische efficiëntie" wekt de indruk dat het doel is de hoeveelheid arbeid die met het voortbrengen van een bepaald goed of dienst gemoeid is, zoveel mogelijk te beperken of een zo volledig mogelijke behoeftenbevrediging voor een bepaalde hoeveelheid arbeid te leveren. Met andere woorden, een efficiënte markteconomie zou betekenen dat de leden van de maatschappij dezelfde rijkdom zouden ontvangen met minder werk, dus met meer vrije tijd, of dat met dezelfde hoeveelheid werk een welvaartsgroei zou plaatsvinden. De lof voor de efficiëntie van de markteconomie gaat er dus van uit dat de bijzondere prestatie van de markteconomie bestaat in het verbeteren van de relatie tussen inspanning en opbrengst voor alle leden van de maatschappij. Maar dit is weer precies het doorslaggevende misverstand. Voor de meerderheid van de leden van de maatschappij, die niet beschikken over productiemiddelen en daarom hun eigen arbeidskracht moeten verkopen om in hun levensonderhoud te voorzien, betekent efficiëntie uiteindelijk dat zij zelf als variabele in een hen vreemde kosten-batenanalyse worden opgenomen.

In deze berekening worden hun lonen en arbeidsomstandigheden kostenfactoren en worden hun arbeidstijd en arbeidsintensiteit factoren van winstoptimalisatie. Met de verkoop van hun arbeidskracht hebben zij de zeggenschap over de verhouding tussen inspanning en opbrengst van hun arbeidskracht en het recht op het resultaat van hun arbeidsprestatie, overgedragen aan de koper ervan. Het reduceren van hun aandeel in het maatschappelijke product, evenals de verlenging van hun arbeidstijd, of de intensivering van hun arbeidsinspanningen, worden tot middel voor de particuliere verrijking van de afnemer van de arbeidskracht in deze private productieverhouding. In de markteconomie heeft efficiëntie in de zin van het verbeteren van de verhouding tussen de inspanning en opbrengst dus niets te maken met het doel om aan de behoeften van de bevolking te voldoen, maar met dat van de private welvaartsgroei van de minderheid die in het privé-eigendom van productiemiddelen is. De levensomstandigheden van de meerderheid van de leden van de maatschappij zijn in deze economische orde zijn alleen maar middelen voor de particuliere vermenigvuldiging van geld.

De verworvenheden van de technische vooruitgang

"Aangezien de machine als zodanig de arbeidstijd verkort, maar kapitalistisch gebruikt de arbeidsdag verlengt; als zodanig de arbeid verlicht, maar kapitalistisch gebruikt de intensiteit van de arbeid verhoogt; als zodanig een overwinning van de mens op de natuurkrachten is, maar kapitalistisch gebruikt de mens aan de natuurkrachten onderwerpt; als zodanig de rijkdom van de producenten vergroot, maar kapitalistisch gebruikt hen verpaupert, enzovoort, verklaart de burgerlijke econoom droogweg dat dit als zodanig beschouwen der machinerie haarfijn bewijst, dat al deze waarneembare tegenstellingen louter schijn der gewone werkelijkheid zijn en als zodanig, dus ook in theorie, helemaal niet bestaan." [7]

De voorstanders van het kapitalisme prijzen de verworvenheden van de technologische vooruitgang als de exclusieve prestatie ervan: "In de afgelopen tweehonderd jaar heeft de mensheid meer welvaart geschapen dan in de 100.000 jaar daarvoor. De kapitalistische economische orde leidde

---

7   Karl Marx, Het Kapitaal, Deel. I, hfdst. 13, §6

de maatschappij met de industrialisatie uit de toestand van het voortdurende gebrek dat heerste in de feodale agrarische samenlevingen. Het gemiddelde inkomen per hoofd van de bevolking steeg tijdens de ontwikkeling van de industriële naar de digitale revolutie, en de gemiddelde levensverwachting steeg dankzij de modernste technologie tot steeds nieuwe hoogten. Natuurlijk is ellende de metgezel van vooruitgang en maakt ongelijkheid deel uit van het kapitalisme, maar op de lange termijn heeft het kapitalisme voor meer welvaart voor iedereen gezorgd. Niets heeft de wereld de afgelopen twee eeuwen meer veranderd dan de triomf van het kapitalisme. Vandaag de dag zijn de armsten in de industrielanden veel rijker dan de armen tweehonderd jaar geleden. In de loop van de decennia is welvaart voor enkelen veranderd in welvaart voor de meesten." [8]

De technologische vooruitgang op zichzelf beschouwd, wordt door de voorstanders van de markteconomie als een directe verdienste van de kapitalistische economische orde gezien. Er wordt

---

8   Vrij naar: Arne Daniels, Stefan Schmitz, Die Geschichte des Capitalismus, Stern Buch, Wilhelm Heyne Verlag 2006.

beweerd dat er geen vergelijkbare technische vooruitgang, geen productiviteitsverhoging en dus geen groeiende welvaart voor iedereen zou zijn zonder het doel van particuliere verrijking dat leidt tot onderlinge concurrentiestrijd. Deze zelfverzekerde lof voor de markteconomie wekt de indruk dat een planmatige productie met als doel te voorzien in de behoeften van de mensen geen alternatief is voor het particuliere bezit van productiemiddelen en het daarmee samenhangende doel van de vermeerdering van de hoeveelheid geld. Onder dit dogma wordt de markteconomie een synoniem voor efficiency en technische vooruitgang. De duistere kanten van het kapitalisme kunnen zo groot zijn als ze maar kunnen zijn. Ze worden door de meerderheid van de bevolking geaccepteerd in het belang van de technische vooruitgang.

In tegenstelling tot deze wijdverbreide opvatting is het kapitalisme in werkelijkheid echter niet de reden voor de technische vooruitgang die de wereld de afgelopen tweehonderd jaar heeft veranderd. De reden hiervoor is het menselijke vernuft en de maatschappelijke arbeidsverdeling. De kapitalistische productieverhouding is alleen maar de vorm waarin de technische ontwikkeling vooruit werd gedreven voor de particuliere verrijking van de eigenaars van productiemiddelen. Een productieverhouding waarbij de werknemer en de natuur alleen van belang zijn in het kader van de particuliere verwachting dat de productiemiddelen winstgevend zullen zijn, waarbij de technische vooruitgang alleen wordt bereikt waar dat de moeite waard is voor het privégebruik, waarbij de ellende die gepaard gaat met de vooruitgang en de slachtoffers zich over de generaties heen "uitbetalen" en "zullen terugbetalen", waarbij de offers die de meerderheid van de bevolking bracht over de generaties heen in het voordeel van allen worden verklaard.

Het ontbreken van een alternatief

"Socialisme is de afschaffing van de economische rationaliteit." (⁹)

Op de bewering van de voorstanders van het kapitalisme dat er geen alternatief is voor het kapitalisme, antwoorden de critici van het kapitalisme meestal niet met luidkeels lachen. Ze voelen zich eerder een beetje onzeker. Naast de eenvoudige verwijzing naar het falen van het "reëel bestaande socialisme", bestaat het belangrijkste argument van de burgerlijke economie in elk geval uit het volgende: Met verregaande regulering of zelfs de volledige afschaffing van de vrije markten verliest de economie de in geld uitgedrukte waardemaatstaf, zonder welke een verstandige economische bedrijvigheid niet mogelijk zou zijn. "De menselijke geest kan zijn weg niet vinden in de verwarrende overvloed aan tussenproducten en productiemogelijkheden als hij deze steun niet heeft.

Hij zou machteloos staan tegenover alle vragen

---

9 Ludwig von Mises, Die Gemeinwirtschaft. Untersuchungen über den Sozialismus, Jena Verlag von Gustav Fischer 1922, S. 109.

over de werkwijze en de plaats. Het is een illusie om te geloven dat men de geldrekening in de socialistische economie kan vervangen door de rekening in natura." (10) "Een heel eenvoudig voorbeeld. In de aanleg van spoorwegen zijn verschillende spoorlijnen denkbaar. Tussen A en B, bijvoorbeeld, ligt een berg. Men kan het spoor over de berg leiden, men kan het om de berg heen leiden en men kan het in een tunnel door de berg leiden. In de kapitalistische maatschappij is eenvoudig te berekenen welke lijn het meest voordelig is. Men berekent de bouwkosten die elk van de drie lijnen zou vereisen en het verschil in exploitatiekosten die het verkeer op elk van de drie lijnen zal vereisen. Met deze cijfers is eenvoudig te bepalen welke route het meest efficiënt zal zijn. Dergelijke berekeningen zouden niet haalbaar zijn in een socialistische maatschappelijke orde. Want het zou niet mogelijk zijn de verschillende kwaliteiten en hoeveelheden goederen en arbeidskrachten die hiervoor in aanmerking komen, tot een uniforme me-

---

10 Ludwig von Mises, Die Gemeinwirtschaft. Untersuchungen über den Sozialismus, Jena Verlag von Gustav Fischer
1922, S. 105.

ting te abstraheren. De socialistische maatschappelijke orde zou hulpeloos staan tegenover de gewone en alledaagse problemen die het besturen van het bedrijfsleven met zich meebrengt, aangezien ze geen mogelijkheid zou hebben om berekeningen uit te voeren. (...) Het management van een socialistische maatschappij zou dus voor een taak staan die het onmogelijk kan oplossen. Het zou niet in staat zijn om te beslissen welke van de talloze mogelijkheden in de aanpak de meest redelijke is. Zo zou de socialistische economie tot chaos vervallen". ([11])

En zo werd de socialistische economie in Rusland daadwerkelijk tot een chaos nadat de bolsjewieken na de burgeroorlog een overgang van een oorlogseconomie naar een socialistische economie in natura probeerden te organiseren. Met het oog op de ernstige economische nederlaag die zij daarbij leden, was de daar op volgende "Nieuwe Economische Politiek" een concessie aan de kapitalistische boekhouding, gekoppeld aan de illusie dat men tijdens de "langdurige en ingewikkelde overgang van de kapitalistische maatschappij" de maatstaf van de

---

11 Ludwig von Mises, Die Gemeinwirtschaft. Untersuchungen über den Sozialismus, Jena Verlag von Gustav Fischer 1922, S. 105.

waarde bewust zou kunnen toepassen volgens socialistische uitgangspunten. (¹²)

De door de prijsvorming op de vrije markten bepaalde ruilwaarde zou in het kader van de "Nieuwe Economische Politiek" niet langer worden afgeschaft, maar volgens socialistische criteria worden gereguleerd zonder dat de concurrentie van de vrije markten deze waarde bepaalde. Deze poging — om bewust de waarde toe te passen zonder de bijbehorende concurrentie, — kwam er echter op neer dat een niet-bestaande hoeveelheid werd vastgesteld door de "objectief correcte" prijs te bepalen. Daarom waren in het reëel bestaande socialisme tegenstrijdigheden in de socialistische economische boekhouding onvermijdelijk. De poging om de waardewet "bewust toe te passen" buiten de vrije markt met prijs- en winsthefbomen, leidde regelmatig tot verstoringen van de bevoorrading, waarop in de strijd tussen de marktsocialisten en de voorstanders van de planeconomie naar antwoorden werd gezocht. Met de overwinning van de marktsocialisten kwam ten slotte een einde aan

---

12 W. I. Lenin, Die Neue Ökonomische Politik und die Aufgaben der Ausschüsse für politisch-kulturelle Aufklärung, 17.10.1921, in Werke Bd. 33, S.43.

het reëel bestaande socialisme en vierden de aanhangers van het kapitalisme de kapitalistische globalisering. ([13])

Is het kapitalisme, waarin de rijkdom van een kleine minderheid gebaseerd is op de armoede van de meerderheid van de bevolking, werkelijk zonder alternatief? Faalt het socialisme omdat het, met de afschaffing van de vrije markten, de uitdrukking van de waarde in geld als noodzakelijke maatstaf voor verstandig economisch beheer mist? Voor de belachelijkheid van deze bewering geven de weinige schetsmatige overwegingen van Marx en Engels voldoende aanwijzingen:

"De warenproductie is intussen geenszins de enige vorm van de maatschappelijke productie. (...)

Zodra de maatschappij van de productiemiddelen bezit neemt en ze rechtstreeks als maatschappelijk bezit voor de productie aanwendt, wordt de arbeid

---

13 Meer gedetailleerd in het hoofdstuk *De ellende van het reëel-bestaande socialisme*, evenals in Michael Buestrich, Die Verabschiebung eines Systems. Funktionsweise, Krise und Reform der Wirtschaft im Realen Sozialismus, Waxmann Verlag 1995, evenals Hermann Lueer, Kapitalismuskritik und die Frage nach der Alternative, 2015.

van elk, hoe verschillend haar specifiek nuttig karakter ook moge zijn, van den beginne af direct maatschappelijke arbeid. De in een product aanwezige hoeveelheid maatschappelijke arbeid behoeft dan niet eerst langs een omweg te worden vastgesteld, de dagelijkse ervaring toont rechtstreeks aan, hoeveel daarvan gemiddeld nodig is. De maatschappij kan eenvoudig berekenen, hoeveel arbeidsuren in een stoommachine, in een hectoliter tarwe van de laatste oogst, in honderd vierkante meter laken van een bepaalde kwaliteit steken. Het kan dus niet bij haar opkomen, om de hoeveelheden in de producten vastgelegde arbeid, die haar dan direct en absoluut geldend bekend zijn, verder nog in een slechts relatieve, wisselvallige, ontoereikende, vroeger bij gebrek aan beter onvermijdelijke maat, in een derde product uit te drukken en niet in hun natuurlijke, met hun aard overeenkomende, absolute maatstaf, de *tijd*. (...)

Weliswaar zal de maatschappij ook dan moeten weten, hoeveel arbeid er voor het vervaardigen van ieder gebruiksvoorwerp nodig is. Zij zal het productieplan moeten inrichten in overeenstemming met de productiemiddelen, waartoe in het bijzonder ook de arbeidskrachten behoren. Het nuttig effect van de verschillende gebruiksvoorwerpen, aan elkaar en ten opzichte van de voor hun aanmaak nodige hoeveelheid arbeid gemeten, zal tenslotte het plan bepalen. De mensen doen alles heel eenvoudig af, zonder tussenkomst van de beroemde 'waarde'." (14)

De norm voor de arbeidstijd, die kan worden gebruikt voor de berekening van de gemiddelde maatschappelijke uitgaven voor de productie van grondstoffen via tussenproducten tot het eindproduct, kan ook goed worden gebruikt voor de distributie.

"De individuele producent.... ontvangt van de maatschappij een kwitantie voor het feit, dat hem zo-en-zoveel arbeid is toebedeeld (met mindering op zijn arbeid ten bate van gemeenschappelijke fondsen), en volgens deze kwitantie ontvangt hij uit de gemeenschappelijke voorraden een hoeveelheid consumptiegoederen die evenredig is aan de geleverde arbeid. Dezelfde hoeveelheid arbeid die hij aan de maatschappij in de ene vorm heeft gegeven, krijgt hij terug in een andere vorm. Hier heerst overduidelijk het principe dat het uitwisselen der

---

14 Friedrich Engels, "Anti-Dühring", Uitgeverij Progres, Moskou 1978, blz. 365/366.

goederen reguleert, want uiteindelijk worden gelijke waarden uitgewisseld. Inhoud en vorm zijn
hier gewijzigd, omdat onder de gewijzigde omstandigheden niemand iets anders te bieden heeft, dan
zijn arbeid en omdat anderzijds tot eigendom van
de individuele personen niets anders kan strekken,
dan individuele consumptiegoederen." (15)

---

15 Karl Marx, Kritiek op het programma van Gotha.

De sociale revolutie

De sociale revolutie is geen holle frase, maar is gericht op een productieverhouding die bevrijd is van uitbuiting, en die wordt gekenmerkt door de directe relatie tussen producent en maatschappelijk product. De invoering van de individuele arbeidstijd als maatstaf voor het aandeel in het product van de maatschappelijk noodzakelijke arbeidstijd is de opheffing van de uitbuiting en tegelijkertijd de economische grondslag voor het tot stand brengen van de associatie van vrije en gelijke mensen volgens het uitgangspunt van het communisme: "Een ieder naar zijn mogelijkheden, een ieder naar zijn behoeften".

Het vermaatschappelijken van de productiemiddelen

"Rijke man en arme man
stonden daar en keken elkaar an.
En de arme man zei bedeesd:
'Als ik niet arm was, was jij niet rijk geweest'." [16]

Ook al kwam uitbuiting in de geschiedenis van de mensheid in verschillende vormen voor, bestond ze in essentie altijd uit de toe-eigening van arbeid van anderen. Anderen voor jezelf laten werken is altijd de sleutel geweest tot een individuele rijkdom die nooit in dezelfde mate bereikt had kunnen worden met de eigen arbeid alleen. Van de piramides in het vroege Egypte, via de feodale kastelen tot de parallelle maatschappij van de toplaag van het geglobaliseerde kapitalisme van de 21e eeuw, illustreren de individuele rijkdommen de toe-eigening van vreemde arbeid [17], en dat de armoede van de meerderheid de basis vormt voor de rijkdom van

---

16 Bertolt Brecht, in "Alfabet", 1934.
17 Van de vertaler: "Vreemde arbeid" heeft in het marxisme de betekenis van arbeid van een ander. Als zodanig is het een ander begrip dan migratie-arbeid.

een minderheid.

"De meerarbeid is geen uitvinding van het kapitaal. Overal waar een deel van de gemeenschap het monopolie van de productiemiddelen bezit moet de arbeider — vrij of niet — aan de arbeidstijd, welke noodzakelijk is voor zijn eigen voortbestaan, arbeidstijd toevoegen ten einde bestaansmiddelen te produceren voor de eigenaar van de productiemiddelen" [18] "De economische maatschappijvormen onderscheiden zich slechts door de vorm waarin deze meerarbeid aan de directe producent, de arbeider, wordt afgeperst, bijvoorbeeld de maatschappij gebaseerd op slavernij en de maatschappij gebaseerd op loonarbeid." [19]

Terwijl het geweld dat nodig is voor de toe-eigening van vreemde arbeidskrachten openlijk zichtbaar is voor iedereen in de slavenhoudersmaatschappij en in het feodalisme, blijft deze verhouding van geweld in het kapitalisme verborgen achter het systeem van loonarbeid. "Aan de oppervlakte van de burgerlijke samenleving verschijnt

---

18 Karl Marx, Het Kapitaal, Deel. I, hfdst. 8 De arbeidsdag, § 2 De geeuwhonger naar meerarbeid. Fabrikant en bojaar.
19 Karl Marx, Het Kapitaal, Deel. I, hfdst. 7 De meerwaardevoet, § 1 De uitbuitingsgraad van de arbeidskracht.

het loon van de arbeider als de prijs van de arbeid, een bepaalde hoeveelheid geld, die voor een bepaalde *hoeveelheid* arbeid wordt betaald. (...) De vorm van het arbeidsloon wist zo ieder spoor uit van verdeling van de arbeidsdag in noodzakelijke arbeid en meerarbeid, in betaalde en onbetaalde arbeid. Alle arbeid lijkt betaalde arbeid te zijn." Waar de bezitter van geld op de warenmarkt direct tegenover staat, is echter "niet direct (...) de arbeid, maar (...) de arbeider. Het is de arbeidskracht, die door de arbeider wordt verkocht. Zodra zijn arbeid werkelijk aanvangt, behoort deze hem al niet meer toe en kan derhalve niet meer door hem worden verkocht." [20] De waarde van de arbeidskracht en het gebruik ervan in het arbeidsproces zijn daarom twee verschillende grootheden. De kapitalist heeft dit waardeverschil in gedachten wanneer hij de arbeidskracht koopt. De privéeigenaar van de productiemiddelen gebruikt het verschil tussen het loon dat hij moet betalen aan de arbeiders die onderling concurreren om de arbeidsplaatsen, en de producten die worden voortgebracht door de toepassing van de vreemde arbeidskracht, die hij tegen

---

20 Karl Marx, Het Kapitaal, Deel. I, hfdst. 17 Omzetting van waarde, respectievelijk prijs der arbeidskracht, in arbeidsloon.

de waarde ervan kan verkopen. "Heel het verschil met de oude, onverholen slavernij is slechts dat de tegenwoordige arbeider vrij *schijnt* te zijn, omdat hij niet in zijn geheel verkocht wordt, maar alleen in stukjes: per dag, per week, per jaar, en omdat niet één eigenaar hem aan een andere verkoopt, maar hij zichzelf op deze wijze verkopen moet omdat hij niet de slaaf van een enkeling maar van de hele bezittende klasse is. Voor hem blijft de zaak in wezen gelijk, want hoewel deze schijn van vrijheid hem enerzijds enige *werkelijke* vrijheid schenken moet, zit er anderzijds het nadeel aan dat geen mens hem zijn onderhoud garandeert en dat hij door zijn heer, de bourgeoisie, ieder ogenblik verstoten en aan de hongerdood overgeleverd kan worden, zodra de bourgeoisie geen belang meer heeft bij zijn werk, bij zijn bestaan." [21]

Ook in het kapitalisme is uitbuiting dus eenvoudig van oorsprong en voor iedereen te begrijpen: ze is besloten in het feit dat de arbeider gescheiden is van de productiemiddelen. De kapitalist is de eigenaar van de productiemiddelen — de arbeider bezit alleen zijn arbeidskracht; de kapitalist beschikt

---

21 Friedrich Engels, De toestand van de arbeidersklasse in Engeland, hfdst. 3 De concurrentie.

over de voorwaarden waaronder de arbeider moet werken. Met het beschikkingsrecht over de productiemiddelen, heeft de bezittende klasse tegelijkertijd de beschikking over de arbeidskracht, dat betekent, ze heerst over de arbeidersklasse. Het feit dat de arbeidersklasse gescheiden is van de productiemiddelen betekent dat zij niet over het eindproduct beschikt. De arbeiders hebben niets te maken met de goederen die ze produceren, ze zijn niet van hen, maar van de "broodheren". Wat er verder mee gebeurt, is niet hun zaak; ze dienen alleen hun arbeidskracht te verkopen en hun loon daarvoor te ontvangen. Loonarbeid is dus de uitdrukking van het feit dat arbeid gescheiden is van arbeidsproducten, dat werknemers niets te zeggen hebben over het product of het productieapparaat. Loonarbeid is het onmiskenbare teken van het gebrek aan vrijheid van de arbeidersklasse, van haar overheersing door degenen die beschikken over het maatschappelijke productieapparaat en het maatschappelijke product. (153 e.v.)

Alle uitbuitingsverhoudingen worden gekenmerkt door de uitsluiting van de arbeider van het product. Hoe eenvoudig de grondslag van de uitbuiting ook is, zo eenvoudig is ook de omschrijving van de opheffing van de uitbuiting. Dit kan alleen gebeuren als de scheiding tussen arbeid en product van de arbeid wordt opgeheven, als het recht om over het product van de arbeid, en dus ook over de productiemiddelen, te beschikken, wordt teruggegeven aan de arbeiders. Dit kan natuurlijk niet meer op dezelfde manier gebeuren als de boeren vroeger het recht hadden om te beschikken over hun gereedschap en arbeidsproducten. De huidige maatschappij kent geen individueel, zelfvoorzienend werk meer; ze is overgegaan naar maatschappelijke productie, naar het vermaatschappelijkte arbeidsproces, waar iedereen slechts een radertje is in het grote geheel. Daarom moeten de arbeiders collectief over de productiemiddelen beschikken. Het gemeenschappelijke eigendom, dat niet tegelijkertijd het recht omvat om over dit eigendom te beschikken, is echter niet voldoende om de uitbuiting te overwinnen. Het gemeenschappelijke eigendom is geen doel op zich, maar slechts een middel om de arbeiders het recht te geven over de productiemiddelen te beschikken, de scheiding van arbeid en arbeidsproduct op te heffen, en de loonarbeid op te heffen. (155)

De verwarring van doel en middelen was en is nog steeds het zwakke punt van de arbeidersbeweging.

Het doel is om de productiemiddelen in gemeenschappelijk bezit te brengen en men vermoedt niet dat dit onvoldoende is om de uitbuiting te overwinnen; men vermoedt niet dat met de overgang naar gemeenschappelijk bezit het probleem wordt gesteld van een nieuwe productiewijze. De arbeidersklasse leefde in het valse vertrouwen dat het communisme "uit eigen beweging" zou komen wanneer het privébezit van de productiemiddelen is afgeschaft. Maar de veronderstelling dat de loonarbeid noodzakelijkerwijs moet verdwijnen, is verkeerd. Het juiste doel kan alleen zijn dat de arbeiders het beschikkingsrecht over de productiemiddelen veroveren en daarmee over het product van de arbeid, en daarmee in feite de loonarbeid opheffen. (156)

De invoering van individuele arbeidstijd als maatstaf voor het aandeel in het product van de maatschappelijk noodzakelijke arbeid, betekent de opheffing van de uitbuiting en tegelijkertijd de vermaatschappelijking van de productiemiddelen. Zodra de producent recht heeft op de opbrengst van de arbeid, vervalt het meerproduct dat de eigenaar van de productiemiddelen zich toe-eigent, en met het vervallen van het extra product vervalt het belang in het bezit van productiemiddelen als een

middel tot particuliere verrijking. De productiemiddelen worden overgedragen aan de gezamenlijk uitgeoefende beschikkingsmacht van de vrije
producenten. Dit is de grondslag van de communistische maatschappij. (156)

De associatie van vrije mensen

De sociale revolutie stelt de nieuwe verhouding tussen arbeid en arbeidsproduct vast door de arbeider zoveel recht te geven op een maatschappelijk product als overeenkomt met zijn arbeidstijd, en als middel om dit te doen voert zij de arbeidstijdrekening algemeen in. (88)

Over het te boven komen van de uitbuiting werd in het vorige deel van de tekst aangetoond dat het eigenlijke probleem van het communisme ligt in de afschaffing van de scheiding tussen de arbeid en het arbeidsproduct. Het is niet de een of andere "Opperste Economische Raad", het zijn de producenten zelf die over het maatschappelijke arbeidsproduct moeten kunnen beschikken. Pas dan worden ze vrije producenten. (173) De revolutie mag niet blijven stilstaan bij de vermaatschappelijking van de productiemiddelen. Zij moet de verhouding tussen de individuele arbeid en het maatschappelijk product bepalen. Zij moet de associatie van vrije en gelijke mensen op een materiële grondslag plaatsen. Daartoe moeten de leden van de maatschappij hun individuele arbeidstijden vaststellen als maatstaf voor hun aandeel in het product van de maatschappelijk noodzakelijke arbeid. Alleen dan zullen productie en distributie niet afhankelijk zijn van de normatieve maatstaven van welke administratieve commissies dan ook, maar ze zullen gegrondvest zijn in de economische realiteit. Zonder deze materiële basis zou de "vrije overeenstemming" een holle frase blijven. (32)

Het gaat er dus om welke plaats de producenten in de maatschappij veroveren; of door [deelname aan de] gedeelde arbeid tegelijkertijd een overeenkomstig aandeel in het beschikkingsrecht over de maatschappelijke productie is verbonden, of dat de producenten opnieuw onmondig verklaard worden en nieuwe "elites" het beschikkingsrecht wordt toegekend. Als de verhouding tussen individuele arbeid en maatschappelijk product niet rechtstreeks geregeld is, moet een bepaald deel van het maatschappelijk product vanuit een hogere positie aan de leden van de maatschappij worden toegewezen en moeten zij er maar op vertrouwen wat zij zullen ontvangen. Dit is wat gebeurt in het reëel bestaande socialisme. De leden van de maatschappij kunnen proberen betere leiders aan te stellen, maar dit sluit de mogelijkheid van uitbuiting niet uit. Er is geen andere manier om uitbuiting systematisch af te schaffen dan de hele productie zo op te bou-

wen dat de verhouding tussen de individuele arbeidstijd en de maatschappelijk noodzakelijke arbeidstijd tot grondslag van het maatschappelijke
productieproces wordt. Het aandeel van het individu in het maatschappelijke product wordt hierdoor bepaald. De arbeidstijd dient als maatstaf
voor het deel van het maatschappelijk product dat
individueel wordt geconsumeerd. De beslissingen
over productie en distributie worden niet langer ingegeven door het oogmerk van de uitbuiting van
vreemde arbeidskracht, maar door het gemeenschappelijke doel van de productieorganisatie om
aan de behoeften van allen te voldoen. (23)

Daarom kan de associatie van vrije mensen niet
vrijelijk over de productiemiddelen beschikken,
zoals de fabriekseigenaren in het kapitalisme doen.
Als de beschikking vrij is, dan kan er geen sprake
zijn van een gemeenschappelijk beschikkingsrecht.
De eerste voorwaarde om een gemeenschappelijke
beschikking over het productieapparaat mogelijk
te maken, is dus dat de productie plaatsvindt volgens algemeen geldende regels; regels waarop alle
maatschappelijke arbeid moet zijn gebaseerd. Alleen dan is het mogelijk om gemeenschappelijk besluiten te nemen en actie te ondernemen. De vrije

producenten moeten dus gelijke productievoorwaarden voor alle producenten tot stand brengen.
"Gelijkheid" is hier geen ethisch begrip, maar een
economische term: ze brengt niets anders tot uitdrukking dan dat de productie in alle bedrijfsorganisaties volgens dezelfde regels verloopt om een
gezamenlijke beschikking over het productieapparaat mogelijk te maken. (156 e.v.) "Dezelfde economische regels" betekent: de tenuitvoerlegging
van een algemeen toepasselijke vaste maatstaf volgens welke alle berekeningen in productie en distributie worden gemaakt. (173)

Wil de individuele arbeidstijd de maatstaf zijn voor
het individueel te consumeren product, dan moet
van alle producten en diensten worden aangegeven
hoeveel maatschappelijk gemiddelde arbeidstijd er
vanaf grondstof tot eindproduct eraan is besteed.
Op deze grondslag, waarop de verhouding tussen
arbeidsinspanning en opbrengst voor alle leden
van de maatschappij zichtbaar is, is een planning
van de productie mogelijk, waarbij mensen zelf bepalen wat ze willen op grond van hun individuele
afweging van inspanning en opbrengsten. Dit betekent dat iedereen zelf kan beslissen over zijn arbeidstijd en zijn consumptie. De individuele be-

hoeften worden afgewogen tegen hun maatschappelijke inspanning en als zodanig in het maatschappelijke planningsproces opgenomen als de wens om te consumeren en de bereidheid om te werken. De arbeidscertificaten zijn inhoudelijk niet anders dan een afspiegeling van de verwachte taakverdeling in de gezamenlijke planning. Door de arbeidstijdberekening wordt het verdelingsvraagstuk dus opgenomen in de productieplanning. Het plannen van de totale maatschappelijke reproductie betekent uiteindelijk niets anders dan het combineren van de maatschappelijke arbeidstijd die nodig is om aan de behoeften te voldoen met de som van de beschikbare individuele arbeid.

Op basis hiervan zijn de afzonderlijke gezamenlijke arbeidsorganisaties in staat om, in overeenstemming met de behoeften van de leden van de maatschappij, in het kader van onderlinge leveranciersrelaties horizontaal en verticaal betrekkingen met elkaar aan te knopen om een gepland geheel te vormen en om het productie- en reproductieproces op rationele wijze te organiseren. Om de productieplanning echter grotendeels decentraal tussen bedrijven, leveranciers en consumenten te kunnen uitvoeren, moet de arbeid die aan de verschillende productiesectoren wordt geleverd, eerst als maatschappelijke arbeid worden geregistreerd. Concreet betekent dit dat bij de afgifte van arbeidscertificaten wordt verondersteld dat wordt bepaald wat maatschappelijk erkende producten en diensten zijn, en dat de "prijs" in de zin van maatschappelijk gemiddelde arbeidstijden periodiek in het kader van een openbare boekhouding in samenspraak met de maatschappelijke planningsorganisaties moet worden bepaald. Op die manier legt de maatschappij het verband tussen de omvang van de maatschappelijke arbeidstijd, gerelateerd aan de productie van bepaalde artikelen, en de omvang van de maatschappelijke behoeften waarin deze artikelen moeten voorzien. Op basis van de individuele bestellingen en de ervaring van de bedrijven met het aantal producten dat wordt afgenomen, kan het gehele bedrijfsleven worden geregeld in het samenspel tussen gedecentraliseerde en gecentraliseerde planning met het oog op de bevrediging van de behoeften van alle leden van de maatschappij. (22 e.v.) Op basis van de arbeidstijdrekening kan men dus zeggen: "De maatschappij, die de productie op grondslag van vrije en gelijke associatie van de producenten opnieuw organiseert, zal de hele staatsmachinerie een plaats inruimen die haar dan zal toekomen: in het museum van oudheden, naast het spinnewiel en de bronzen bijl [22]. (...) In plaats van de regering over personen komt het beheer over zaken en het leiden van productieprocessen. De staat wordt niet 'afgeschaft', hij sterft af [23]".

In de communistische "associatie van vrije en gelijke mensen", is de grondslag voor de planmatige organisatie van de productie, net als in de markteconomie, een afweging tussen inspanning en opbrengst. [24] De maatschappelijk gemiddelde arbeidstijd vanaf grondstof, via tussenproducten tot en met het desbetreffende eindproduct, komt overeen met de "prijs" op basis waarvan de productie- en consumptiemiddelen onderling worden verrekend. In tegenstelling tot het kapitalisme is

---

22 F. Engels, De oorsprong van het gezin, van de particuliere eigendom en van de staat, IX. Barbaarsheid en beschaving.
23 Friedrich Engels, De ontwikkeling van het socialisme van utopie tot wetenschap, III. [Historisch materialisme].
24 Het bezwaar dat de arbeidstijden van de miljoenen producten en diensten niet kunnen worden berekend, of alleen tegen idioot hoge inspanningen, wordt weerlegd door de kapitalistische kostprijsberekening. Het bepalen van de productgerelateerde fabricagekosten als de som van de directe en indirecte materiaal- en productiekosten is hier de dagelijkse praktijk met methoden voor de verdeling van de overheadkosten en de registratie en toewijzing van afschrijvingen.

het economische bestaan van individuele bedrijven in het kader van de collectieve productie echter niet afhankelijk van de vraag of hun eigen bedrijfsuitgaven leiden tot winst of verlies op de markt in vergelijking met het maatschappelijk gemiddelde. Het is waar dat het verschil tussen de maatschappelijk gemiddelde arbeidstijd en de werktijden van een bedrijf ook bestaat binnen de collectieve productie. Afhankelijk van de betere of slechtere kwaliteit van de productiemiddelen of de kwaliteit van hun werkzaamheden, produceren de afzonderlijke bedrijven ook hier tegen verschillende inspanning binnen de arbeidstijdketen. De verschillen tussen bedrijfs- en maatschappelijk gemiddelde arbeidstijden wordt echter buiten elke context van markt en geld in het gemeenschappelijk productieverband geëlimineerd door het compenseren van tekorten en overschotten binnen de sector (49 e.v.). De concurrentie tussen de bedrijven wordt afgeschaft. De reproductie ervan wordt geregeld door het planmatige samenwerkingsverband en niet door het beschikken over geld. De verrekening van wederzijdse leveringen en diensten wordt gerekend naar de gemiddelde maatschappelijke besteding van arbeid per eenheid en vindt in dit geval niet plaats door de overdracht van geld, dat dan als de voorwaarde voor het verkrijgen van de noodzakelijke reproductiemiddelen zou fungeren. In de samenwerking tussen de bedrijven is de wederzijdse verantwoording van diensten in de vorm van tekorten of overschotten slechts informatie in het kader van een transparante maatschappelijke boekhouding. De verschillende productiviteit van de afzonderlijke bedrijven in de sector die in de vorm van tekorten of overschotten naar voren komen, is uitsluitend informatie in het kader van een open maatschappelijke boekhouding. De verschillende productiviteit van de afzonderlijke bedrijven - die in het kader van de boekhouding van alle bedrijven laat zien in hoeverre de afzonderlijke bedrijven afwijken van de maatschappelijk gemiddelde arbeidstijd - dient in de context van de gezamenlijke productie slechts als een indicatie van mogelijke efficiëntieverhogingen. Gezien de productiviteitsverschillen is het optimaliseren van de productie een bewuste zaak tussen de bedrijfsoverstijgende planning- en controleorganisaties en de individuele bedrijven.

Hoewel de boekhouding op basis van de arbeidstijdberekening oppervlakkig overeenkomsten met de markteconomie aantoont, is het doorslaggevende verschil dat hier niet achter de rug van de producenten wordt beslist door de dwang van de economische omstandigheden. Hun gemeenschappelijke maatschappelijke activiteit wordt geen beweging van zaken (goederen en geld) die over hen controle uitoefent. De "vereniging van vrije mensen" beslist daarentegen bewust met elkaar wat, hoe en waar ze gezamenlijk willen produceren; en daarmee ook welke conclusies ze willen trekken uit de verschillen in productiviteit. Het voor alle leden van de maatschappij waarneembare potentieel voor procesoptimalisatie - of het nu gaat om technologische vooruitgang of verbeteringen in de arbeidsorganisatie - laat aan de associatie van zelfbepaalde mensen de mogelijkheden zien om met een verhoging van de productiviteit ofwel meer producten voor iedereen te verkrijgen binnen dezelfde arbeidstijd, ofwel dezelfde producten ten gunste van meer vrije tijd. In de markteconomie is het bezit van betere productiemiddelen of vaardigheden bepalend voor armoede en rijkdom. In de "associatie van vrije mensen" daarentegen vormen de productiemiddelen die volgens plan in samenwerking met elkaar worden gebruikt de gemeenschappelijke grondslag waarop het resultaat van een verandering in de productiviteit aan alle leden van de maatschappij in gelijke mate toevalt.

Het feit dat de productiviteit onder deze collectieve productievoorwaarden daalt in vergelijking met de kapitalistische concurrentie wordt bewust aanvaard. In hun samenwerking worden mensen niet langer teruggebracht tot een factor binnen een kosten-batenberekening die leidt tot de vermindering van hun aandeel in het maatschappelijke product en de verlenging van hun arbeidstijd of de intensivering van hun inspanningen zodat de kosten-batenafweging verbetert voor de koper van hun arbeidskracht. De armoede en chantage van de leden van de maatschappij die gescheiden zijn van de productiemiddelen, zijn niet langer een middel om de productiviteit van de arbeid te bevorderen, tegen de belangen en de gezondheid van de producenten in, met het oog op de particuliere verrijking van de eigenaars van de productiemiddelen. De producenten beslissen zelf over hun arbeidsomstandigheden en dus over de opbrengst van hun arbeid.

Wat aan productiviteit verloren gaat door het ontbreken van concurrentie, wordt gewonnen door de planmatige samenwerking, anderzijds door het wegvallen van verschillende functies en activiteiten die noodzakelijk zijn voor het kapitalisme, maar overbodig voor het communisme. De volgende gebieden kunnen hier bij wijze van voorbeeld worden genoemd: De categorie van intellectueel eigendom, vanzelfsprekend in het kapitalisme maar absurd in een collectieve productieverhouding, waardoor de uitsluiting van bestaande kennis wordt bevorderd in plaats van de uitwisseling van kennis. De "dubbele functies" en overcapaciteiten die tegen elkaar zijn opgebouwd in de strijd om marktaandelen, die herhaaldelijk worden vernietigd in de loop van de cyclische kapitalistische crises. De enorme reclame-uitgaven en de uitgebreide verkooporganisaties, waarvan de prestaties door niemand worden verward met nuttige informatie. De "diensten" van banken, effectenbeurzen, verzekeringsmaatschappijen, advocatenkantoren, financiele, gerechtelijke en sociale autoriteiten, die alleen nuttig zijn in het kader van de concurrentie om geld. De resource-intensieve globalisering van de productieprocessen, die in de huidige omvang slechts plaatsvindt omdat het op basis van het particuliere bezit van productiemiddelen winstgevend is om door middel van intensieve transportlogistiek verschillende subcomponenten van een product in zogenaamde "lagelonenlanden" te laten assembleren en de verkoopbare goederen in betaalkrachtige delen van de wereld te verkopen. Minder voor de hand liggend dan de kapitalistische "verspilling" van middelen zijn de vele markteconomisch onbenutte mogelijkheden van de toepassing van de productiekrachten. Verschillende "alternatieve concepten" die de afgelopen decennia zijn ontwikkeld op het gebied van energieproductie, landbouw, stads- en vervoersplanning, enz. worden niet gebruikt omdat ze zich nooit op grote schaal hebben kunnen vestigen gemeten op de schaal van de particuliere geldvermenigvuldiging.

Reeds bij de aanvang, bij onderzoek en ontwikkeling, bepaalt in het kapitalisme alleen het vooruitzicht van winstgevende activiteiten voor de eigenaren van de productiemiddelen welke nuttige dingen worden geproduceerd, onder welke arbeidsomstandigheden het werk wordt uitgevoerd en welke van de bestaande productiemiddelen voornamelijk worden gebruikt. In de associatie van vrije en gelijke mensen daarentegen worden dingen geproduceerd met gemeenschappelijke productiemiddelen als de leden van de maatschappij dat wensen. De arbeidsomstandigheden hier zijn een natuurlijk onderdeel van hun eigen beoordeling of en hoe iets wordt geproduceerd. Hetzelfde geldt voor de gevolgen voor het milieu. Met andere

woorden: het doel van de productie is niet de vermenigvuldiging van het particuliere geldvermogen,
maar de bevrediging van de behoeften van alle leden van de maatschappij.

Ieder naar zijn behoeften

De individuele arbeidstijd als maatstaf voor het aandeel van het individu in het product van de maatschappelijk gemiddelde arbeidstijd is niet een tekortkoming van een overgangsmaatschappij in vergelijking met het volmaakte communisme, maar veeleer de economische vorm waarmee de "associatie van vrije en gelijke mensen" het communistische principe "Iedereen naar zijn mogelijkheden, iedereen naar zijn behoeften" van een holle frase maakt tot een grondbeginsel op een economische grondslag.

De "associatie van vrije mensen" is geen luilekkerland. Ook hier geldt het rijk van de noodzaak in die zin dat alleen datgene wat in het kader van de maatschappelijke arbeidsverdeling is geproduceerd, kan worden geconsumeerd. Daarom vereist de reproductie van de maatschappij dat de arbeid die noodzakelijk is voor de bevrediging van de behoeften planmatig wordt georganiseerd en gerealiseerd in een maatschappelijke arbeidsverdeling. Met andere woorden: Degene die wat betreft zijn consumptie niet overeenkomstig de daarvoor maatschappelijk noodzakelijke arbeidstijd deelneemt aan de productie, veronderstelt dat andere leden van de maatschappij de nodige arbeid voor hem verrichten. In bepaalde gevallen zal daarover zeker een maatschappelijke consensus bestaan, bijvoorbeeld in verband met kinderopvang, onderwijs en gezondheidszorg of ouderenzorg. Om de economische reproductie van de maatschappij te verzekeren, moeten de voor deze algemene diensten vereiste werkzaamheden, net zoals de uitgaven voor diverse investerings- en reservefondsen, in mindering worden gebracht op de voor individuele consumptie beschikbare arbeidstijdrekeningen. De uitbetalingsfactor met betrekking tot de individuele arbeidstijdrekeningen zal bijgevolg steeds kleiner worden naarmate de aftrek voor het maatschappelijke fonds toeneemt.

Voor de berekeningen in de totale productie is het niet relevant of er veel of weinig gebieden zijn waarvoor er een sociale consensus bestaat dat "nemen naar behoefte" moet worden gerealiseerd zonder dat er een economische maatstaf wordt aangelegd. Als de productie eenmaal is geordend, is het denkbaar dat de distributie steeds meer wordt vermaatschappelijkt, zodat voedsel, passagiersvervoer, huisvesting etc., kortom: de bevrediging van de algemene behoeften, op deze grondslag kunnen komen te staan. Deze ontwikkeling is een proces dat, wat de technische kant van de taak betreft, snel kan plaatsvinden. Hoe meer de maatschappij in deze richting groeit, hoe meer producten er volgens dit principe worden gedistribueerd, hoe minder de individuele arbeid de maatstaf zal zijn voor de individuele consumptie. Met de voortschrijdende socialisatie van de distributie is de arbeidstijd dan slechts een maatstaf voor het deel van het maatschappelijke product dat nog individueel moet worden gedistribueerd. (69) De doorslaggevende vraag is echter in hoeverre een uitbreiding van de distributie zonder economische maatstaf überhaupt gepast is. In de "associatie van vrije mensen" staan de behoeften op basis van de gegeven productiviteit uiteindelijk ook in verhouding tot de benodigde besteding van tijd, d.w.z. tot de individuele bereidheid om hiertoe aan de productie deel te nemen. Zonder informatie over de maatschappelijke bestedingen die verband houden met het voorwerp van de behoeften, is een redelijke afweging of de bestedingen überhaupt in verhouding staan tot de opbrengst, niet mogelijk. Als de leden van de maatschappij niets weten over de inspanningen die nodig zijn voor het voortbrengen van de verschillende producten en diensten, rest hen slechts hun subjectieve behoefte als maatstaf ter beoordeling of ze iets willen of niet. Ook de vraag hoeveel ze willen werken, kan zonder de economische maatstaf van de arbeidstijd de relatie tussen inspanning en resultaat niet worden bepaald. Wat dan overblijft als beoordelingscriterium, zou zijn de behoefte om te willen werken. De arbeidstijd als maatstaf voor het deel van het maatschappelijke product dat individueel kan worden geconsumeerd, staat dus niet haaks op de bevrediging van de behoeften, maar is een middel tot rationele afweging. Alleen met behulp van de bedrijvenboekhouding kunnen op een economische manier de middelen in dienst gesteld worden van het doel. Dit geldt voor de organisatie van de productie, die niet zonder de bepaling van de maatschappelijk noodzakelijke arbeidstijd kan, maar ook voor de rationele afweging van hoe om te gaan met de resultaten van de gezamenlijke productie. Zelfs in het geval van infrastructuurdiensten die voor ieder noodzakelijk zijn, zoals water en elektriciteit, zou het geen zin hebben om het zonder deze informatie te stellen.

Het contrast tussen behoefte en noodzakelijke arbeid wordt niet veroorzaakt door de arbeidscertificaten, maar door de natuur zelf. Het rijk van de vrijheid begint pas daar waar de noodzaak van de arbeid eindigt. Door de systematische onthulling van het verband tussen behoefte en noodzakelijke arbeid roept de maatschappij geen tegenstelling op. Integendeel: wanneer haar leden zelf willen beslissen over arbeid en consumptie overeenkomstig hun behoeften, kan een maatschappij er niet omheen het verband tussen inspanningen en resultaten bekend te maken aan de leden van de maatschappij door middel van de berekening van de arbeidstijd en hun persoonlijk aandeel in de arbeid en de consumptie. De "associatie van vrije mensen" zou haar naam niet waarmaken als ze de materiële basis zou negeren die haar in staat stelt om productie en distributie zelf te sturen en te beheren. Distributie zonder economische maatstaf betekent niet "nemen naar behoefte", maar toewijzing door een bovengeschikte instantie.

De vereniging van vrije en gelijke mensen voorkomt systematische uitbuiting door het afdwingen van de individuele werktijd als maatstaf voor het aandeel in het product van gemeenschappelijke arbeid. In welke vorm de arbeidstijd als directe maatstaf voor het individuele deel van het te consumeren maatschappelijke product wordt toegepast, is daarentegen geen zaak van de grondbeginselen van de communistische productie en distributie, maar als bewuste handeling van de maatschappij een

concrete regeling met betrekking tot het inzicht
van de leden van de maatschappij in de noodzake-
lijkheden van hun coöperatieve samenwerking in
de productie. Zij kunnen het bijvoorbeeld laten bij
het verstrekken van informatie over werkroosters
en vertrouwen op de redelijke behandeling van
deze informatie. Zij kunnen ook een gebrekkige individuele deelname aan de arbeid in relatie tot de
consumptie aangrijpen als aanleiding tot kritiek, of
de toegang tot consumptiemiddelen op bepaalde
gebieden beperken. Dit laatste zal onvermijdelijk
zijn in een communistische maatschappij die zich
niet op eigen grondslag heeft ontwikkeld, maar integendeel "voortkomt uit de kapitalistische maatschappij zelf en die daarom in alle opzichten, economisch, zedelijk en verstandelijk, nog de moeder-
vlekken van de oude maatschappij draagt, uit wier
schoot deze is ontsproten." [25] Hier krijgt de individuele producent - na aftrek van zijn arbeid voor
het gemeenschappelijk fonds - terug wat hij heeft
gegeven, het deel van de maatschappelijke arbeidsdag dat hij heeft geleverd, zijn aandeel daarin.

---

25 Karl Marx, Kritiek op het programma van Gotha.

Ieder naar zijn mogelijkheden

"Waarom zou een secretaresse in het kantoor hiernaast slechts 30 minuten betaald krijgen van elk uur dat ze werkt, terwijl aan deskundigen twee uur wordt betaald voor elk uur dat ze werken? De secretaresses en schoonmaaksters zouden al snel zeggen: Genoeg is genoeg! Wat voor socialisme is dit, waarbij een van jullie evenveel waard is als vier van ons?" [26]

Er wordt tegen de arbeidstijdrekening het bezwaar gemaakt dat zij ongeschikt zou zijn als economische berekeningswijze, omdat het niet mogelijk is om arbeid van verschillende kwaliteiten via deze berekening te waarderen. Men kan toch "niet de arbeider die een uur van de eenvoudigste arbeid heeft verricht, het recht geven om het product van een uur hooggekwalificeerde arbeid te consumeren"? [27]

Maar dat is precies wat de "associatie van vrije

---

26 W. P Cockshott, A. Contrell, Alternativen aus dem Rechner. Für sozialistische Planung und direkte Demokratie, PapyRosa Verlag 2006, S. 65.

27 Ludwig von Mises, Die Gemeinwirtschaft. Untersuchungen über den Sozialismus, Jena Verlag von Gustav Fischer, 1922, S. 147.

mensen" kan en moet doen. In een coöperatieve productieverhouding krijgt een eenarmige producent voor zijn arbeid hetzelfde aandeel van het maatschappelijk product als de tweearmige producent. Hoewel dit op basis van de kapitalistische waardeberekening onrendabel is, is het op communistische grondslag van de berekening van de arbeidstijd wel economisch. Volgens de kapitalistische berekening van de waarde is het ook economisch om een wereldwijde inkooplogistiek op te bouwen om producten die aan de ene kant van de wereld worden geconsumeerd te laten produceren in zogenaamde lagelonenlanden aan de andere kant van de wereld. Deze efficiënte toewijzing van middelen volgens de kapitalistische economische berekening is een verspilling van middelen op basis van de berekening van de communistische arbeidstijd. Aangezien de "associatie van vrije mensen" geen onderscheid maakt tussen inferieure en superieure arbeiders, is er geen sprake van een verkeerde toewijzing van de productiemiddelen. Hier wordt sociale rijkdom niet in onderlinge concurrentie, maar in samenwerking met elkaar geproduceerd en geconsumeerd.

In de kapitalistische maatschappij is "de arbeidskracht (...) een waar, niet meer en niet minder dan de suiker. De eerste meet men met de klok, de andere met de weegschaal. (...) Dezelfde algemene wetten nu, die de prijs van de waren in het algemeen regelen, regelen natuurlijk ook het arbeidsloon, de prijs van de arbeid. Het loon voor de arbeid zal nu eens stijgen, dan weer dalen, overeenkomstig de verhouding van vraag en aanvoer, overeenkomstig de concurrentie tussen de kopers van de arbeidskracht, de kapitalisten, en de verkopers van de arbeidskracht, de arbeiders. De schommelingen van de warenprijzen in het algemeen komen overeen met de schommelingen van het arbeidsloon. Binnen deze schommelingen echter zal de prijs van de arbeid bepaald worden door de productiekosten, door de arbeidstijd die nodig is om deze waar, de arbeidskracht, voort te brengen. Wat zijn nu de productiekosten van de arbeidskracht? Dat zijn de kosten die nodig zijn om de arbeider als arbeider in stand te houden en om hem tot arbeider op te leiden. Hoe minder opleidingstijd een arbeid dus vereist, des te geringer zijn de productiekosten van de arbeider, des te lager is de prijs van zijn arbeid, zijn arbeidsloon. In de takken van industrie waar bijna geen leertijd nodig is, en het eenvoudig fysieke bestaan van de arbeider voldoende is, beperken de voor zijn voortbrenging noodzakelijke productiekosten zich bijna geheel tot de waren die nodig zijn om hem in leven en in staat om te werken te houden. De prijs van zijn arbeid zal dus worden bepaald door de prijs van de noodzakelijke levensmiddelen."[28]

Met de vermaatschappelijking van de productiemiddelen daarentegen wordt het onderhoud van het materiële deel van het productieapparaat en de reproductie van de arbeidskrachten een maatschappelijke functie. Ze wordt niet langer opgelegd aan het individu, maar wordt gedragen door de maatschappij. Het onderwijs is dus niet langer gebonden aan de portemonnee van de ouders, maar uitsluitend afhankelijk van de aanleg en de lichamelijke gesteldheid van het kind. In de "associatie van vrije mensen" wordt het algemeen onderwijs van het kinderdagverblijf en de basisschool tot de universiteit door de maatschappij zonder enige economische maat ter beschikking gesteld volgens het principe "nemen wat nodig is". Net zoals de uitgaven voor fundamenteel onderzoek niet ten laste van individuele producten worden gebracht, maar slechts de omvang van de individuele arbeidstijdrekeningen verminderen, worden ook de uitgaven voor algemeen onderwijs georganiseerd

---

28 Marx/Engels, Loonarbeid en kapitaal.

als een maatschappelijke dienstverlening ten laste van iedereen. In de communistische maatschappij heeft het daarom economisch geen zin om wat volgens het algemene onderwijsstelsel hoger gekwalificeerde arbeid is op een andere manier aan het product toe te wijzen, dan minder gekwalificeerde arbeid. Aangezien de scheiding tussen arbeid en productiemiddelen is opgeheven en arbeid dus geen handelswaar meer is, is er geen sprake meer van reproductiekosten van arbeid. Het maatschappelijk product dient alle leden van de maatschappij in gelijke mate om aan hun behoeften te voldoen. Bij de berekening van de productietijd kunnen de bestede arbeidsuren dus worden meegerekend in hun werkelijke hoeveelheid, terwijl elke arbeider het werkelijke aantal van zijn arbeidsuren minus de arbeidstijd voor de gemeenschappelijke fondsen aan het maatschappelijk product onttrekt.

Maar wie zal op basis van hetzelfde aandeel van het maatschappelijk product, bereid zijn om het minder aangename werk te doen?

In het kapitalisme wordt de verdeling van de noodzakelijke arbeid gereguleerd in het kader van verschillende lonen, waaronder diverse toeslagen voor verzwarende omstandigheden, in wezen door het feit dat de werknemers zonder productiemiddelen op de arbeidsmarkt onderling concurreren voor werkgelegenheid en zo voor hun levensonderhoud. Wie geen nut heeft voor de eigenaren van productiemiddelen, leeft als werkloze op het bestaansminimum naast de rijkdommen van de maatschappij, en buiten de rijkste industrielanden ter wereld, zelfs onder het minimum. Op basis hiervan is de concurrentie op de markt via vraag en aanbod zodanig dat zelfs voor de laagste lonen het meest vuile werk wordt gedaan. In de "associatie van vrije mensen", waar niemand gedwongen wordt om uit noodzaak bijzonder gevaarlijk of onaangenaam werk voor anderen te doen, moeten extra inspanningen worden geleverd om de noodzakelijke hoeveelheid werk te automatiseren, om het aangenamer te maken of om het zo kort mogelijk te houden.

Investeringen in machines en installaties om het werk te vergemakkelijken of te automatiseren hebben in de markteconomie alleen zin als de verhouding tussen de investering en het verwachte bedrijfsresultaat de moeite waard is voor de eigenaar van het productiemiddel in vergelijking met alternatieve investeringen. Als de arbeidskosten voor de onderling concurrerende arbeidskrachten geringer zijn dan de investering in machines, is de automatisering voor de bedrijven niet rendabel. Voor de beslissing hoe het werkproces te organiseren, zijn de arbeidsinspanningen en de fysieke slijtage van de producenten niet doorslaggevend. In de "associatie van vrije mensen", waar degenen die het werk doen ook zeggenschap hebben in de beslissing of en hoe het werk wordt gedaan, is de situatie heel anders. Wanneer er geen "minderwaardige" arbeiders of hele "lagelonenlanden" beschikbaar zijn, kan de noodzakelijke inspanning voor de gewenste consumptiegoederen niet op andere mensen worden afgewenteld, maar moet deze gezamenlijk worden gedragen. Het gebrek aan bereidheid om bepaalde taken op zich te nemen maakt de leden van de maatschappij dan ook meteen duidelijk dat een hogere maatschappelijke bijdrage nodig is om het werk te doen dat nodig is voor de gewenste resultaten.

Om de bereidheid te vergroten om onpopulair werk aan te nemen, zijn er verschillende mogelijkheden afhankelijk van het soort taak: onveilige werkomstandigheden kunnen veiliger worden gemaakt, onpopulaire werktijden kunnen worden opgeheven, eenzijdige taken kunnen leuker, interessanter of veeleisender worden gemaakt. Aangezien een onaangename taak aangenamer wordt wanneer er minder tijd aan moet worden besteed, kan zelfs een andere weging van bepaalde taken worden overwogen. Als er niet genoeg vrijwilligers zijn voor een bepaald werkgebied, zal het *gewicht* van deze taken worden verhoogd. "De bijdragen aan een project worden dus niet enkelvoudige in arbeidstijd gemeten, maar in gewogen arbeidstijd. ... Een dergelijk systeem voor het wegen van taakzwaarte zorgt ervoor dat alle relevante taken worden uitgevoerd en dat alle projectleden kunnen beslissen op basis van hun voorkeuren - niemand wordt gedwongen om iets te doen of niet te doen." [29]

Natuurlijk zou het ideaal zijn als iedereen op elk moment elke functie zou kunnen overnemen. In een geïndustrialiseerde wereld is dit echter niet realistisch vanwege de veelheid aan functies en de complexiteit van de taken. In de "associatie van vrije mensen" kan niet iedereen piloot worden, en

---

29 Christian Siefkes, Beitragen statt tauschen, S.29f. / S. 155ff.

zelfs niet in een door de producenten georganiseerde elektriciteitscentrale, in een hoogoven of in een raffinaderij ... zo maar doen wat hem te binnen schiet. In principe kan iedereen op alles solliciteren. Of de andere leden van de maatschappij hem voor bepaalde taken het nodige vertrouwen schenken, wordt echter door hen bepaald in een sollicitatieprocedure, vergelijkbaar met die in de markteconomie. Op dit punt zou het "absurd zijn om te spreken over het principe van autoriteit als een absoluut slecht principe en over het principe van de autonomie als een absoluut goed principe." [30] Wanneer de grondslag vervalt voor het berekenen van de voordelen van goedkope arbeid en arbeidsvoorwaarden, worden een zo uitgebreid mogelijke opleiding en vermogen om een breed scala aan activiteiten op zich te nemen, alsmede de aantrekkelijke vormgeving van de verantwoordelijkheidsgebieden een vanzelfsprekend voordeel en belang voor alle leden van de maatschappij.

---

30 Friedrich Engels, Von der Autorität, MEW Bd. 18, S. 307.

De "dictatuur" van de openbare boekhouding

Het is een machtskwestie of het in een communistische revolutie mogelijk is de relatie tussen producent en product te definiëren als de verhouding tussen de individuele arbeidstijd van de producent en de maatschappelijk gemiddelde arbeidstijd voor het product. Dit en alleen dit is de kernvraag van de sociale revolutie. (23)

De vereniging van vrije en gelijke mensen oefent een economische "dictatuur" uit. Met de toepassing van de individuele arbeidstijd als maatstaf voor het aandeel in het product van de maatschappelijke arbeid erkent zij niet het recht op uitbuiting en onderwerpt tegelijkertijd het hele economische leven aan de communistische productieregels. (114) De "dictatuur" bestaat uit de toepassing van de openbare boekhouding van de arbeidstijdstijdrekening als algemene grondslag voor productie en distributie. Hierdoor kunnen de leden van de maatschappij hun arbeidsgedeelde economie grotendeels zelfstandig beheren en besturen. Alleen fundamentele kwesties met betrekking tot verschil-

lende aspecten van hun economische en sociale leven maken verdere totaalmaatschappelijke besluitvormingsprocessen noodzakelijk. Fundamentele
overwegingen, bijvoorbeeld op het gebied van
transport, energievoorziening, landbouw, milieu,
geneeskunde, onderwijs, etc., moeten objectief
worden uitgewerkt door de gespecialiseerde afde-
lingen van de centrale planningsorganisaties en na
een uitgebreide maatschappelijke discussie ter be-
sluitvorming aan de bevolking worden voorgelegd.
Deze fundamentele beslissingen, die eenmalig
moeten worden genomen of slechts met langere
tussenpozen opnieuw moeten worden ingediend
samen met de bijbehorende planning van te leveren inspanningen, vormen, naast de arbeidstijdrekening, de concrete basis waarop de leden van de
maatschappij het reproductieproces van hun sa-
menwerkende productiecoöperaties gezamenlijk
kunnen controleren. De openbare boekhouding
van de arbeidsuren die in en uit gaan in de keten
van grondstof tot eindproduct, biedt de leden van
de maatschappij een feitelijke basis voor suggesties
tot verbetering of kritiek. De bedrijfsorganisaties
houden een openbare boekhouding bij van de
voorraad grondstoffen, halffabricaten en productiemiddelen die hen zijn toevertrouwd in het kader

van de toeleveringsrelaties en de daarin opgenomen arbeidstijden van het bedrijf. De maatschappelijk gemiddelde productietijd (als eenheid van productiviteit) komt naar voren als de controleur in de productiecoöperatie. (100) Als controleur, niet alleen met betrekking tot het afzonderlijke leveranciersrelaties, maar in relatie tot het totaal-maatschappelijke reproductieproces, dat voor iedereen openbaar is in de maatschappelijk gemiddelde productietijd per eenheid. Maar deze "controleur" is noch een boven hen staand subject, noch een zakelijke dwang van de kant van een economische wetmatigheid die achter hun rug om werkt, maar het is hun eigen coöperatieve werking die ze in onderling overleg met elkaar tot gemeenschappelijk nut kunnen regelen. Door de productie en distributie van goederen en diensten op basis van de arbeidstijdrekening uit te voeren, komen de beheersing van zaken en het leiden van productieprocessen in plaats van het regeren over mensen.

In geval van meningsverschillen zullen de leden van de maatschappij binnen het bedrijf hun zaken in directe kritische uitwisseling met elkaar regelen. Zowel tussen de productiecoöperaties onderling als met betrekking tot overkoepelende zaken van hun productieverhoudingen zullen de leden van de maatschappij hun zaken regelen via de door hen gekozen en permanent herkiesbare raden. De afzonderlijke bedrijfsorganisaties worden daarin ondersteund door de totaalmaatschappelijke controle van de door hen gezamenlijk hiertoe ingestelde centrale plannings- en controleorganisaties, maar altijd volgens het motto: Zelfstandige leiding en beheer blijven de dwingende vereiste waarvan, ondanks alle mooie woorden, de vrije producenten niet mogen afwijken. (101) De centrale plannings- en controleorganisaties zijn niets anders dan administratoren in een maatschappij waarvan de leden door het vermaatschappelijken van de productiemiddelen en met behulp van de arbeidstijdrekening zelf de basis hebben gelegd om zelfstandig te beslissen wat ze wel of niet willen hebben met betrekking tot de arbeid die daarvoor moet worden verricht.

In de vereniging van zelfbepalende mensen zijn de raden de organisatorische wapens in het kader van hun maatschappelijke organisatie. Niet de centrale planningsinstantie benoemt de bedrijfsleiding, die op haar beurt het afdelingsmanagement zou benoemen, dat dan de producenten voorschrijft wat ze moeten doen, maar andersom. De door de producenten gedelegeerde raden geven instructies aan de vereiste instanties voor de planning tussen de bedrijven. Met de consolidatie en onderlinge afstemming van de afzonderlijke plannen en met de controle van de relaties tussen de bedrijven, wordt geen enkele macht opgelegd in de zin van dwingende aanwijzingen en gewelddadige handhaving. De organisaties boven het niveau van de werkvloer zijn niets anders dan de middelen van de leden van het bedrijf om wat "noodzakelijk" is in hun door arbeidsdeling gekenmerkte productieverhoudingen doorzichtig te maken voor hun besluitvormingsprocessen. De 'vereniging van vrije mensen' accepteert geen bedrijfsleiders die zijn aangesteld door centrale overheidsinstanties en die de werktijden en de organisatie onafhankelijk van de wil van de leden van de maatschappij bepalen. Zij creëren en controleren zelf de centrale planning- en controleorganisatie die nodig is voor hun productie door middel van hun radenorganisatie, waarmee zij het verband bepalen tussen hun productiedoelen en de noodzakelijke arbeidsinspanning. Zo blijven de arbeidsplaatsen en de communes de zelfstandige vormen van organisatie van de bevolking met het oog op het gezamenlijk regelen van hun arbeidsdelige relatie. Het blijft dus een kwestie van zakelijke verheldering en niet van beslissingen op hoger niveau.

De ellende van het reëel-bestaande socialisme

"Dit jaar hebben we duidelijk laten zien dat we niet weten op welke manier we de economie moeten aanpakken. Dat is de fundamentele les. Of we zullen volgend jaar het tegendeel bewijzen, of de Sovjetmacht kan niet langer bestaan." W. I. Lenin, maart 1922. ([31])

Voor de communistische bolsjewieken en hun opvolgers, maar ook voor de marktsocialisten van allerlei aard, was en is de invoering van de individuele arbeidstijd als maatstaf voor het aandeel in het product van de maatschappelijk arbeid geen punt van aandacht. De marktsocialisten willen het kapitalisme niet afschaffen, maar reguleren volgens socialistische criteria. Ze willen de burgerlijke en kapitalistische staat veroveren door middel van algemeen kiesrecht, en door gebruik te maken van de burgerlijke democratie en met staatsregulering de door de kapitalisten geleide economie veranderen in een socialistische markteconomie onder leiding van de democratische staat. Realisme was en is in

---

31 W.I. Lenin, XI. Partietag der KPR(B) 27 maart 1922, Lenin Werke Bd.33, S. 260.

veel gevallen een vast onderdeel van deze inspanningen. Altijd wordt opnieuw duidelijk dat in tegenstelling tot dit ideaal de staat met een marktsocialistische meerderheid eveneens op de eerste plaats onderhevig is aan de noodzaak van kapitalistische concurrentie (trefwoord: concurrentiekracht), wat de haalbaarheid van socialistische programma's relativeert. De bolsjewieken en hun opvolgers hebben dit idealisme van de marktsocialistische politiek vastberaden bestreden. Zij propageerden de vernietiging van de burgerlijke staat in de revolutie, de vorming van een nieuwe politieke macht door de politieke organisatie (partij) van de arbeidersklasse en, met de afschaffing van de anarchie van de markten, de geplande organisatie van de economie volgens socialistische principes.

De Russische Revolutie verliep aanvankelijk grotendeels volgens deze opvatting. In 1917 begonnen de producenten in Rusland, onder leiding van de bolsjewistische organisatie, de eigenaren te onteigenen met de bedoeling om de productie en distributie volgens communistische grondbeginselen te organiseren. Het proces van onteigening begon van onderaf, tot grote ontzetting van de bolsjewieken, die de economie van bovenaf wilden leiden en besturen. (16) De bolsjewieken pleitten er niet

voor dat de arbeiders de fabrieken zouden bezet-
ten om ze onder hun leiding voort te zetten als een
"associatie van vrije mensen". De arbeiders zouden
alleen het staatsapparaat van de bourgeoisie moeten vernietigen en de bolsjewieken in de leiding van
de nieuwe staat moeten brengen. De geleidelijke
invoering van een planmatige organisatie van de
economie volgens socialistische principes zou ver-
volgens de taak van de nieuwe leiding zijn. (161)
De Communistische Partij heeft dan ook geen
richtlijnen aangereikt waarmee de arbeiders zelf de
bedrijven in het communistische bedrijfsleven
hadden kunnen inpassen, noch heeft zij richtsnoe-
ren gegeven voor de daadwerkelijke overdracht
van bestuur en administratie aan de maatschappij.
Voor hen was de bevrijding van de arbeiders niet
het werk van de arbeiders zelf, voor hen was de
invoering van het communisme een functie van de
"mannen van de wetenschap", de "intellectuelen",
de "statistici", enz. (163) De arbeidersklasse was
net goed genoeg om de oude heersers over de arbeid weg te jagen - en door nieuwe te vervangen.
De taak van de arbeiders ging niet verder en kon
ook niet verder gaan, omdat de basis voor zelfor-
ganisatie niet werd gelegd door algemeen geldende
regels voor de productie. Omdat het socialistische
bedrijfsleven niet moest worden georganiseerd in

de betekenis van een "associatie van vrije mensen" door de directe verhouding van de producenten tot het maatschappelijke product. (163)

Terwijl in het begin nog directeuren, gemeenteraden, enz. verantwoording verschuldigd waren aan de arbeiders, werden zij geleidelijk aan ondergeschikt gemaakt aan de centrale leiding die het geheel dirigeerde. In het begin was het verantwoordelijkheid naar beneden, nu naar boven (12). "De revolutie heeft zojuist de oudste, sterkste en zwaarste ketenen, waarin de massa's zich onder dwang hadden geschikt, stuk geslagen. Dat was gisteren. Maar vandaag de dag eist dezelfde revolutie, precies in het belang van haar ontwikkeling en consolidatie, precies in het belang van het socialisme, de *onvoorwaardelijke onderschikking* van de massa's aan de *eensluidende wil* van de leiders van het arbeidsproces." (32).

De Communistische Partij geloofde aanvankelijk dat het alleen maar nodig was om de oude industriele leiders te verjagen en de bevelsmacht over de arbeid zelf in handen te nemen om alles volgens

---

32 W.I. Lenin, Die nächsten Aufgaben der Sovjetmacht, 28.4.1918, Lenin Werke Bd. 27, S. 260. Nadruk in de oorspronkelijke tekst.

socialistische principes te laten verlopen. Lenin verwoordde dit idee als volgt: "*Zonder de grote banken zou het socialisme niet te verwezenlijken zijn.* De grote banken zijn dat "staatsapparaat", dat wij voor de verwezenlijking van het socialisme *nodig hebben* en dat wij *kant en klaar* van het kapitalisme *overnemen,* waarbij onze taak hier slechts bestaat in het *afsnijden* van datgene, dat dit uitstekende apparaat *kapitalistisch misvormt,* om het *nog groter,* nog democratischer, nog alomvattender maken van dit apparaat. De kwantiteit slaat om in kwaliteit. Eén enkele ontzaglijk grote staatsbank met filialen in elk kanton, bij elke fabriek - dat is al negen tiende van het *socialistische* apparaat. Dat is een algemene staats*boekhouding,* een algemene staats*rekenschap* van de productie en de verdeling van de producten; dat is om zo te zeggen zoiets als het *skelet* van de socialistische maatschappij" ([33]).

Nadat het jaar 1919 voor de Sovjetregering was geëindigd met doorslaggevende militaire overwinningen in de burgeroorlog, werden de inspanningen geïntensiveerd - gezien de chaotische ontwik-

---

33 V.I. Lenin, Zullen de bolsjewieken de staatsmacht behouden?, oktober 1917, Progres 1977, p. 27. Benadrukking in de oorspronkelijke tekst.

keling van de door de staat gecontroleerde gemengde economie - om een marktloze economie op basis van een plan, een centraal geleide economie, op te bouwen ([34]). Daarbij streefden de Bolsjewieken bewust naar de afschaffing van het geld, wat zou moeten gebeuren door een massale inflatie van het ruilmiddel. "Als de waarde van het geld bij ons in Rusland daalt, dan is dat zeker zeer moeilijk voor ons vol te houden .... Maar we hebben een uitweg, een hoop. We naderen de volledige afschaffing van het geld. We naturaliseren het loon, we introduceren het gratis gebruik van trams, we hebben gratis schoollessen, gratis lunch - ook al is het voorlopig een slechte -, gratis woning, verlichting, enz. We doen dit heel langzaam, onder extreem moeilijke omstandigheden moeten we voortdurend strijden, maar we hebben een uitweg, een hoop, een plan." ([35]) (168).

Voor zover zij erin slaagden de vrije markt te vernietigen, zouden de functies daarvan worden overgenomen door centrale administratieve instanties.

---

34 Zie hiervoor: Friedrich Pollock, Die Planwirtschaftlichen Versuche in der Sowjetunion 1917 - 1927, Verlag Neue Kritik Frankfurt 1971, S. 56 e.v.

35 G. Sinowiew, Zwölf Tage in Deutschland, S. 74, geciteerd in: Friedrich Pollock, Die Planwirtschaftlichen Versuche in der Sowjet-Union 1917 - 1927, S. 73.

De Opperste Economische Raad, opgericht eind 1917, had tot taak bij de overgang naar een economie in natura de distributie van alle goederen te organiseren, waarbij geld en handel werden geëlimineerd. Met andere woorden, hij moest voor alle inwoners bepalen hoeveel brood, boter, kleren, etc. ieder individu kon krijgen, en deze goederen aan hem in natura toewijzen. Dit moest mogelijk worden gemaakt door nauwgezette productie- en consumptiestatistieken. De berekening van de productie en distributie zou dus niet in geld of in een andere algemene maatstaf moeten worden uitgedrukt, maar in aantallen goederen. Men zou berekenen op basis van gewicht, lengte of inhoudsafmetingen of uiteindelijk alleen op basis van het aantal consumptiegoederen (168 e.v.). Dat dit niet alleen op papier is gebeurd, kan uit enkele gegevens worden afgeleid: Op 11-10-1920 werd de verordening gepubliceerd dat "het gebruik van telefoon, watervoorziening, riolering, gas, elektriciteit en transportmiddelen, alsmede de levering van brandstof en huur voor de arbeiders en ambtenaren van alle staatsbedrijven en voor invaliden, familieleden van het Rode Leger, enz. gratis zou zijn" (36). De

---

36 Friedrich Pollock, Die Planwirtschaftlichen Versuche in

"naturalisatie van het loon" werd hierdoor verder bevorderd. Uiteindelijk werd slechts 15% van het loon in geld, terwijl 85% in natura werd uitbetaald. Het Commissariaat voor de Voedselvoorziening moest op deze manier voor 58 miljoen mensen zorgen. Het was een poging om de socialistische economie te controleren volgens het principe van de geplande productie van consumptiegoederen (169).

In het kader van dit beheer in natura van de productie en distributie werden de productiemiddelen en de consumptiemiddelen toegewezen zonder dat er een economische maatregel werd genomen om beide gebieden met elkaar te verbinden, en werd er tegelijkertijd bij de bevolking op aangedrongen om spaarzaam om te gaan met de middelen, zonder dat zij de verhouding tussen de inspanningen en de opbrengst ervan aan de bevolking kon meedelen. De poging om het socialisme op te bouwen op basis van een "economie in natura" stelde de Bolsjewistische Partij onder leiding van Lenin voor een taak die zij onmogelijk kon vervullen. De burgerlijke critici hadden gelijk: Socialisme in de betekenis van

der Sowjetunion 1917 - 1927, Verlag Neue Kritik Frankfurt 1971, S.70.

economische planning in natura is "de afschaffing van de rationaliteit van de economie". .... Het is een illusie te geloven dat men de berekeningen in geld in de socialistische economie kan vervangen door berekeningen in natura." (37) Maar omdat Lenin deze illusie vasthield, probeerde hij eerst door zich terug te trekken op de zogenaamde "Nieuwe Economische Politiek" de op handen zijnde economische ineenstorting en de groeiende ontevredenheid van de bevolking te overwinnen, om dan in tweede instantie met het "staatskapitalistische monopolie, dat wordt toegepast in het belang van het hele volk" () het socialisme op te bouwen als voorloper van het communisme met een economie in natura. Het oorspronkelijke plan om geld uit de productie en distributie te elimineren om de economie volgens socialistische principes te vormen op basis van de "economie in natura" werd dienovereenkomstig opgegeven. We "hebben de fout gemaakt dat we besloten hebben om onmiddellijk over te gaan op de communistische productie en distributie. ... Ik zeg: helaas, omdat een niet al te lange ervaring ons overtuigde van de onvolkomenheid van

---

37 Ludwig von Mises, Die Gemeinwirtschaft. Untersuchungen über den Sozialismus, Jena Verlag von Gustav Fischer
1922, S. 105 e.v.

deze constructie, die in strijd was met wat we eerder hadden geschreven over de overgang van het kapitalisme naar het socialisme, toen we van mening waren dat het zonder een periode van socialistische boekhouding en controle onmogelijk zou zijn om zelfs maar het laagste niveau van communisme te bereiken." [38] De socialistische boekhouding en controle die in het kader van de "Nieuwe Economische Politiek" als noodzakelijk werd erkend, werd echter niet opgevat als de systematische toepassing van de arbeidstijdrekening bij de productie en distributie, maar veeleer een tijdelijke terugtrekking op de staatsregulering van de handel, d.w.z. het staatskapitalisme. Volgens Lenin was dit "een langdurige en gecompliceerde overgang van de kapitalistische maatschappij, (…) naar wat zelfs nog maar een voorfase van de communistische is" [39]. Een overgang "op de weg van de socialistische boekhouding en controle", die is gebaseerd op de het ideaal van een communistische economie in natura aan de verre horizon betekende praktisch

---

38 W.I. Lenin, Die Neue Ökonomische Politik und die Aufgaben der Ausschüsse für politisch-kulturelle Aufklärung, 17.10.1921, in Lenin Werke Bd. 33, S.42f
39 W. I. Lenin, Die Neue Ökonomische Politik und die Aufgaben der Ausschüsse für politisch-kulturelle Aufklärung, 17.10.1921, in Werke Bd. 33, S.43

niets anders dan de start van een marktsocialistisch programma. Daarmee overeenkomstig verklaarde Leon Trotsky op het twaalfde partijcongres van de Communistische Partij op de vraag of de "Nieuwe Economische Politiek" ook in andere socialistische landen noodzakelijk zou zijn: "Wij antwoorden in grote lijnen unaniem bevestigend op deze vraag, voor zover wij de Nieuwe Economische Politiek zien als de toepassing van de methoden en de instituties van de kapitalistische maatschappij door een arbeidersstaat voor de opbouw, of de overgang naar de opbouw van de socialistische economie, en in zoverre dienen alle arbeidersstaten deze periode korter of langer te ondergaan, afhankelijk van het ontwikkelingsniveau van het betrokken land. ... Door gebruik te maken van de wetten van de markt, door deze wetten te beïnvloeden via de krachtige machine van onze staatsindustrie en door de planeconomische fundamenten te verbreden ... en daardoor deze markten opslokken ... kunnen we met recht stellen dat de ontwikkeling van ons socialisme zal worden gekenmerkt door een reeks dialectische overwinningen op de "Nieuwe Economische Politiek" met behulp van zijn eigen methoden". (40)

---

40 Leo Trotzki, Referat über die russische Industrie in:

Een programma van "socialistische boekhouding en controle", dat Stalin consequent heeft uitgevoerd met het ideaal van een communistische economie in natura aan de verre horizon in het kader van de leidende rol van de partij, en dat uiteindelijk niets anders betekende dan de overgang naar het marktsocialisme. Na de stabilisatie van de economie werd dan ook geen poging gedaan om terug te keren naar de socialistische "economie in natura". In plaats daarvan draaide de strijd tussen de facties binnen de Communistische Partij steeds meer rond de vraag of de markt min of meer zou leiden tot het succes van de planeconomie. Een absurde controverse gezien Marx' kritiek op de politieke economie, waarin de vertegenwoordigers van het marktsocialisme uiteindelijk de overhand kregen en zo de terugkeer naar het kapitalisme in gang zetten. Mikhail Gorbatsjov vatte deze controverse als volgt samen: "Ondertussen heeft het leven aangetoond dat het geplande systeem, dat de marktcriteria en de marktcontrole negeert, net zo onbekwaam is om te functioneren als een markt die zich niet door een plan laat leiden". (⁴¹) "De ervaringen

---

Linke Opposition in der Sowjetunion 1923-1928, S. 110
41 M. Gorbatschow, Rede auf der Konferenz von Orjol in: PRAWDA vom 16.11.1988, in: Sozialismus, Nr. 12/1988, S.15.

van de hele wereld hebben de levensvatbaarheid en efficiëntie van de markteconomie bewezen. In onze is de overgang naar een markteconomie een gevolg van menselijke belangen en het doel is om een sociaal georiënteerde economie op te bouwen." ([42])

De geschiedenis van het reëel-bestaande socialisme bevestigt hiermee de grondbeginselen van de communistische productie en distributie die in deze tekst in twee opzichten worden gepresenteerd. Economisch, in die zin dat een rationele economie onmogelijk is zonder een algemene maatstaf die productie en distributie met elkaar verbindt. Politiek in die zin dat zonder de invoering van individuele arbeidstijd als maatstaf voor het aandeel in het product van maatschappelijk noodzakelijke arbeid, de leden van de maatschappij geen controle krijgen over het maatschappelijke arbeidsproduct, maar het in de handen van een regering leggen. De groei van het "loon in natura" (in bolsjewistische versie!) kwam dus neer op dezelfde groei als het staatskapitalistische monopolie dat ten gunste van het hele volk werd toegepast: de uitbuiting van de

---

42 M. Gorbatschow, Hauptrichtungen zur Stabilisierung der Volkswirtschaft und des Übergangs zur Marktwirtschaft, in: Sowjetunion heute, Nr. 11/1990. S.VII-XII.

arbeidersklasse (171 e.v.). In de concentratie van de beschikkingsmacht over het productieapparaat, over de maatschappelijke arbeid en het maatschappelijke product als geheel, zien we de vorm waarin de dictatuur van het proletariaat overgaat in de dictatuur over het proletariaat (172).

Laten we de toekomst veranderen

Moet een geplande productie die de vrije markt te boven gaat noodzakelijkerwijs leiden tot een dictatuur die zich boven de producenten verheft? We zeggen "nee!". In een maatschappij waarin de verhouding van de producent tot het sociale product direct vastligt, bestaat dit gevaar niet. (22) In deze gang van productie- en distributie wijst niemand toe welk deel van het maatschappelijk product voor iedereen beschikbaar is. Het is geen verdeling door personen, maar ze wordt in wezen uitgevoerd in het kader van de berekening van de arbeidstijd zelf. De verhouding van de producenten tot het maatschappelijk product wordt hierdoor bepaald en juist daardoor heeft niemand iets toe te wijzen. Dit is de verklaring voor het geheim dat een staatsapparaat geen plaats heeft in de economie. De hele productie en distributie staan op een reële grondslag, want het is juist deze relatie die producenten en consumenten in staat stelt om het hele proces zelf te sturen en te leiden. (68) In elke andere maatschappij, waar dit niet van toepassing is, moet het productieapparaat uiteindelijk uitgroeien tot een onderdrukkingsapparaat. (22)

Het verwezenlijken van de sociale revolutie is dus in wezen niets anders dan de invoering van de arbeidstijd als maatstaf in het hele economische leven. Ze dient als maatstaf voor de productie en meet tegelijkertijd het aandeel van het individu in het maatschappelijk product. Het gaat er hier om dat deze categorie door de producenten zelf wordt gerealiseerd. En dit gebeurt niet omdat het een "ethische" of "morele" eis van het communisme is, maar omdat de "vereniging van vrije mensen" economisch niet anders mogelijk is. (176) Het is geen kwestie van rechtvaardigheid die door de staat zou kunnen worden georganiseerd, maar een kwestie van de economische grondslag waarop de producenten hun samenwerking zelfstandig kunnen opbouwen. Het proces van in elkaar grijpen en samenvoegen groeit van onderaf, omdat de producenten zelf het beheer en de leiding in handen hebben. Nu is er ruimte voor het initiatief van de leden van de maatschappij zelf, die het beweeglijke leven in zijn duizenden gedaantes vorm kunnen geven. (23)

De succesvolle sociale revolutie vereist daarom een duidelijk begrip van wat er met de productiemiddelen moet gebeuren. Het moet gaan om het opheffen van de scheiding tussen de producent en het maatschappelijk product, en dit is alleen mogelijk als de arbeidstijdrekening van in alle opzichten wordt uitgevoerd. De arbeidstijd als maatstaf voor het aandeel in het product van maatschappelijk noodzakelijk arbeid is de hoogste eis die het proletariaat kan stellen, maar tegelijkertijd is het ook de laagste en ongetwijfeld wordt daarmee een machtsvraag gesteld. (141 e.v.)

Bijlage

De oorsprong van de "Grondbeginselen"

De "Grondbeginselen van de communistische productie en distributie" van de Groep van Internationale Communisten (G.I.C.) is een klassiek werk in de marxistische literatuur. De G.I.C. beschrijft de relevantie van de "Grondbeginselen" als volgt:

"Is de heerschappij van de arbeidersklasse in een industrieel land tot werkelijkheid geworden, dan staat het proletariaat voor de taak, de omvorming van het economisch leven op nieuwe grondslagen, op die van de gemeenschappelijke arbeid, te beginnen. De opheffing van het privaatbezit is gemakkelijk uitgesproken: het zal de eerste maatregel van de politieke heerschappij van de arbeidersklasse zijn. Maar dit is slechts een rechtskundige daad, die de grondslag voor het werkelijk economisch gebeuren zal leggen. De werkelijke omvorming en het werkelijk revolutionaire werk begint dan eerst."[43]

---

[43] Jan Appel 1927 / G.I.C. 1932 Marx-Engels en Lenin / Marxisme en Staatscommunisme - Het afsterven van de staat

Het eerste manuscript van de "Grondbeginselen" werd in 1923 geschreven door de revolutionaire arbeider Jan Appel tijdens een twee jaar durende gevangenisstraf. Appel was een van de belangrijkste propagandisten van de *Allgemeinen Arbeiter Union Deutschlands* (AAUD) en een oprichtingslid van de K.A.P.D. Hij nam als afgevaardigde van de K.A.P.D. deel aan het Tweede Congres van de Derde, de Communistische Internationale in Moskou in 1920. Om van Hamburg via Moermansk naar het congres te komen, heeft Appel samen met enkele kameraden de vissersboot *Senator Schröder* gekaapt. Aangekomen in Moskou kreeg Appel een korte ontmoeting met Lenin om het standpunt van de K.A.P.D. te presenteren. Lenin verwierp het standpunt van de K.A.P.D. Volgens Appel deed hij dat door fragmenten te lezen uit het nog niet gepubliceerde manuscript "De 'linkse stroming', een kinderziekte van het communisme".

Drie jaar later werd Appel in Duitsland gearresteerd en veroordeeld tot een gevangenisstraf.

Daarmee kwam tijd om na te denken over de interne strijd binnen de communistische beweging. In zijn autobiografische aantekeningen schreef Appel: *"Het besef dat de Russische revolutie zou leiden tot staatscommunisme, of beter gezegd staatskapitalisme, was toen nog nieuw. ... En wat ook nieuw was, was om zich te concentreren op de kern van de bevrijding van de arbeiders van de loonslavernij, op de overname van de bedrijven door de bedrijfsorganisaties, om van hieruit de sociaal gemiddelde arbeidstijd in te voeren als standaard voor de berekening en verdeling van alle gecreëerde goederen. Alleen zo kan aan het geld en aan alle waardende mogelijkheid worden ontnomen om als kapitaal op te treden, mensen in dienst te nemen en hen uit te buiten."*[44]

Eind 1925 werd Jan Appel in het kader van een algemene amnestie vrijgelaten en emigreerde hij rond de jaarwisseling naar Nederland, omdat de situatie in Duitsland politiek te gevaarlijk voor hem was. Hij nam een baan bij een scheepswerf in Zaandam en nam contact op met Henk Canne Meijer, die hij niet persoonlijk kende, maar wiens adres door kameraden aan hem werd gegeven. Net

---

[44] Jan Appels autobiografische aantekeningen in: IISG, Collectie Nederland, kleine archieven en losse stukken – APPEL, JAN: 90 Typoscript van autobiografische schets van Jan Appel, die in 1926 vanuit Duitsland naar Nederland kwam. Z.j. 1 stuk.

als Appel behoorde Canne Meijer tot degenen die de Russische Revolutie voor het eerst toejuichten. In de loop van de verdere ontwikkeling sloot hij zich echter al snel aan bij de kritiek op het bolsjewistische partijcommunisme, in Duitsland vertegenwoordigd door onder andere Otto Rühle en in Nederland door Anton Pannekoek en Herman Gorter, om de onafhankelijke strijd van de arbeiders door middel van arbeidersraden te propageren. Waarschijnlijk is de Groep van Internationale Communisten gevormd door de discussies rond de door Appel gepresenteerde notities over de "Grondbeginselen". Appel vond een medestander in Canne Meijer, die uiteindelijk een grote rol heeft gespeeld in de verdere uitwerking van de tekst.

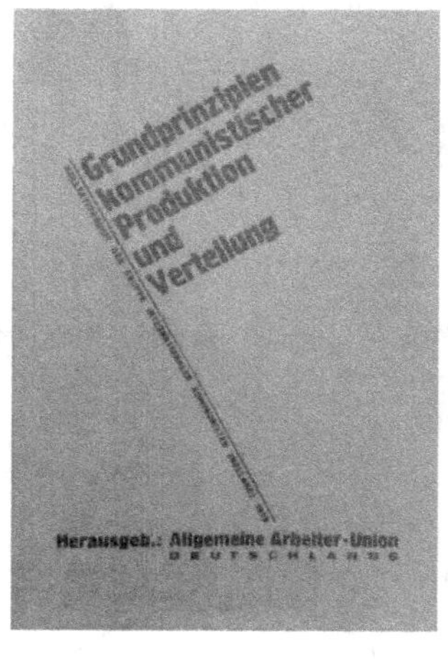

De eerste editie van de "Grondbeginselen" werd in 1930 in het Duits gepubliceerd door de uitgeverij van de revolutionere bedrijfsorganisaties, georganiseerd in de *Allgemeine Arbeiter Union Deutschlands*. Ze werd in beslag genomen en vernietigd.

Een korte samenvatting van het boek werd gepubliceerd in Chicago, in het Duits in *Kampfsignal* en in het Engels in *Council Correspondence.* *"Tot een Hollandse, in de gewone boekvorm konden we door financiële moeilijkheden niet komen"*, schrijft de G.I.C. in het voorwoord van de tweede Nederlandse editie, *"Zodoende namen we onze toevlucht tot een minder gebruikelijke wijze van publicatie, namelijk door het in gedeelten als bijlage van het Persmateriaal van de Internationale Communisten (P.I.C.) te doen verschijnen. We hebben daarbij van de nood een deugd gemaakt, door het hele manuscript te herzien, waardoor deze uitgave niet gelijk is aan de Duitse. Wat de inhoud betreft zijn geen wezenlijke veranderingen aangebracht, maar de rangschikking van de stof en verschillende formuleringen zijn gewijzigd en naar we menen, ook verbeterd."*[45]

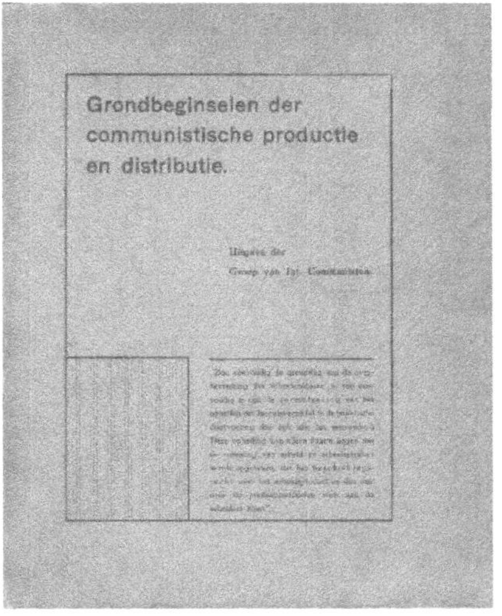

---

[45] Gruppe Internationaler Kommunisten (G.I.C.), Grundprinzipien kommunistischer Produktion und Verteilung, Red & Black Books, Hamburg 2020

De 'Grondbeginselen van de communistische productie en distributie' *"is de laatste boodschap die de revolutionaire bewegingen van de eerste helft van de 20ste eeuw ons hebben nagelaten."*[46] Ze tonen de economische basis waarop de uitbuiting kan worden afgeschaft en de communistische samenleving kan worden gerealiseerd zonder in chaos te vervallen en zonder de communistische samenleving te reduceren tot een ideaal aan de verre horizon van de menselijke geschiedenis. In die zin is deze nieuwe uitgave van de tweede volledig herziene en uitgebreide editie van de "Grondbeginselen" tegelijkertijd een fundamentele kritiek op de verschillende theorieën en ook op de praktijken van de verschillende stromingen die zich beroepen op het marxisme, het anarchisme of, meer in het algemeen, het socialisme. Een kritiek die tot op de dag van vandaag niets van haar oorspronkelijke actualiteit heeft verloren.

---

[46] Henk Canne Meijer, Die Arbeiterrätebewegung in Deutschland (1918 - 1933)

Bibliografie

W. Paul Cockshott, Allin Contrell

> Towards a new socialism, Spokesman, Nottingham 1993

Friedrich Engels

> Lage der arbeitenden Klasse in England, MEW 2

> Der Ursprung der Familie, des Privateigentums und des Staates, MEW 21

> Die Entwicklung des Sozialismus von der Utopie zur Wissenschaft, MEW 19

> Anti-Dühring, Dritter Abschnitt: Sozialismus, MEW 20

Gruppe Internationaler Kommunisten (Holland)

> Grundprinzipien kommunistischer Produktion und Verteilung, 1. Auflage 1930, Rüdiger Blankertz Verlag 1970

> Grundprinzipien kommunistischer Produktion und Verteilung, 2. Auflage 1935, Red & Black Books, Hamburg 2020

Peter Hudis

Marx`s Concept of the Alternative to Capitalism, Historical Materialism Book Series Volume 36, Boston 2012

W. I. Lenin

XI. Parteitag der KPR(B) 27. März 1922, Werke Bd.33

Die nächsten Aufgaben der Sowjetmacht, 28.4.1918, Werke 27, Dietz Verlag 1. Aufl. 1960

Werden die Bolschewiki die Staatsmacht behaupten?, Oktober 1917, Werke 26, 1. Aulf. 1961

Hermann Lueer

Kapitalismuskritik und die Frage nach der Alternative, Red & Black Books, Hamburg, 3. Auflage 2020

Karl Marx

Das Kapital Bd. 1, MEW 23

Kritik des Gothaer Programms, MEW 19

Das Manifest der Kommunistischen Partei, MEW 4, S. 459

Ludwig von Mises

> Die Gemeinwirtschaft. Untersuchungen über den Sozialismus, Jena Verlag von Gustav Fischer 1922

Arthur Müller Lehning

> Anarchismus und Marxismus in der russischen Revolution, Kramer Verlag 1971

Friedrich Pollock

> Die planwirtschaftlichen Versuche in der Sowjetunion 1917 – 1927, Verlag Neue Kritik, Frankfurt 1971

Gruppe Internationaler Kommunisten

GRUNDPRINZIPIEN KOMMUNISTISCHER PRODUKTION UND VERTEILUNG

»So einfach die Grundlage für die Beherrschung der Arbeiterklasse ist, so einfach ist auch die *Formulierung* für die Aufhebung der Lohnsklaverei (auch wenn die praktische Umsetzung nicht so einfach ist!). Diese Aufhebung kann nur darin bestehen, dass die Trennung von Arbeit und Arbeitsprodukt aufgehoben wird, dass das *Verfügungsrecht* über das Arbeitsprodukt und daher auch über die Produktionsmittel wieder den Arbeitern zukommt.«

RED & BLACK BOOKS

Die *»Grundprinzipien kommunistischer Produktion und Verteilung«* entstanden als Reaktion auf die negative Entwicklung der russischen Revolution. Mit dieser Schrift stellten die Autoren erstmalig die ökonomischen Grundlagen für den Aufbau und die Organisation einer Gesellschaft im Sinne der »Vereinigung freier und gleicher Menschen« zur Debatte. Dabei berücksichtigten sie zugleich alle gesammelten Erfahrungen der bisherigen Versuche der Arbeiterbewegung, um über die Kritik derselben notwendige neue Wege aufzeigen zu können. Eine Kritik die bis zum heutigen Tag nichts von ihrer ursprünglichen Aktualität verloren hat.

Die 1930 auf Deutsch erschienene Erstauflage der Grundprinzipien wurde beschlagnahmt und weitgehend vernichtet. Eine vollständig überarbeitete und verbesserte Ausgabe in niederländischer Sprache erschien 1931 zunächst Auszugsweise und 1935 in zweiter Auflage in Buchform. Der Text der deutschen Erstausgabe wurde 1970 nachgedruckt und auch in die englische und französische Sprache übersetzt. Die vollständig überarbeitete und verbesserte zweite Auflage verblieb die folgenden 85 Jahre dagegen weitgehend unbeachtet in niederländischer Sprache verborgen. Mit der hier vorliegenden Übersetzung der zweiten Auflage in die deutsche Sprache wird dieser Dornröschenschlaf beendet.